课题项目：2018 年度教育部高校示范马克思主义学团队建设项目优秀中青年思想政治理论课教师择优资助项目：《课程思政背景下新疆高职高专院校思想政治理论课协同育人路径创新研究》（项目编号：18JDSZK142）

新时代学校思政课程一体化建设研究

李晓瞳◎著

吉林大学出版社

·长春·

图书在版编目（CIP）数据

新时代学校思政课程一体化建设研究／李晓瞳著. --长春：吉林大学出版社，2021.9
 ISBN 978-7-5692-9711-9

Ⅰ.①新… Ⅱ.①李… Ⅲ.①高等学校－思想政治教育－教学研究－中国 Ⅳ.①G641

中国版本图书馆 CIP 数据核字（2021）第 253357 号

书　　名	新时代学校思政课程一体化建设研究
	XINSHIDAI XUEXIAO SIZHENG KECHENG YITIHUA JIANSHE YANJIU
作　　者	李晓瞳　著
策划编辑	董贵山
责任编辑	董贵山
责任校对	张宏亮
装帧设计	王　斌
出版发行	吉林大学出版社
社　　址	长春市人民大街 4059 号
邮政编码	130021
发行电话	0431-89580028/29/21
网　　址	http://www.jlup.com.cn
电子邮箱	jldxcbs@sina.com
印　　刷	天津和萱印刷有限公司
开　　本	787mm×1092mm　1/16
印　　张	13.25
字　　数	229 千字
版　　次	2022 年 5 月　第 1 版
印　　次	2022 年 5 月　第 1 次
书　　号	ISBN 978-7-5692-9711-9
定　　价	72.00 元

版权所有　翻印必究

前言

高校思想政治理论课承担着对大学生进行系统的马克思主义理论教育的任务，是对大学生进行思想政治教育的主渠道，思想政治教育育人工作的成效不仅关乎高等学校学生人格的健全和全面发展，对于我国的发展也有着至关重要的作用。充分发挥思想政治理论课的作用，用马克思主义、中国特色社会主义理论体系武装当代大学生，是党的教育方针的具体体现，是社会主义大学的本质特征，是培养合格的社会主义接班人的必要保证，是党和国家事业长远发展的根本保证。当代高校大学生生活在信息时代，他们处在社会急剧转型、各色信息混杂、各种思潮交错影响的大环境，高速发展的互联网使得思想政治理论课面临着巨大的危机和挑战，如何推动思政课程的改革与发展，如何推动思政课程理论与实践一体化的建设成为新时期一项重要而迫切的课题。

本书第一章为思想政治课程概述，分别介绍了思想政治课程的发展、思想政治课程建设的成绩以及思想政治课程的作用任务；第二章为高校思政课程体系的建构，包含两个方面的内容，分别是高校思政课教学存在的问题、高校思政课程体系构建；第三章为高校思想政治教育育人体系的一体化建设，介绍了三个方面的内容，依次是高校思想政治教育育人体系内涵、高校思想政治教育育人体系一体化的建设路径以及高校思想政治教育育人体系一体化的氛围建设；第四章为互联网+时代思政课程的一体化建设，介绍了三个方面的内容，分别是互联网+时代思政教育一体化的机遇与挑战、基于互联网平台的思政课程的一体化建设路径以及互联网+时代思政课程师资队伍的一体化建设；第五章为新时期思政课程理论与实践教学的一体化建设，介绍了三个方面的内容，依次是高校思政课程实践教学理论、高校思政课程实践教学模式、并以《思想道德与法治》课为例，介绍了高校思政课程理论与实践教学一体化建设的路径。

  在撰写本书的过程中，作者得到了许多专家学者的帮助和指导，参考了大量的学术文献，在此表示真诚的感谢。本书内容系统全面，论述条理清晰、深入浅出。限于作者水平有不足，加之时间仓促，本书难免存在一些疏漏，在此，恳请同行专家和读者朋友批评指正。

作者
2021 年 7 月

目 录

第一章 思想政治课程概述 1

第一节 思想政治课程的发展 1

第二节 思想政治课程建设的成绩 7

第三节 思想政治课程的作用任务 10

第二章 高校思政课程体系的构建 20

第一节 高校思政课教学存在的问题 20

第二节 高校思政课程体系构建 28

第三章 高校思想政治教育育人体系的一体化建设 46

第一节 高校思想政治教育育人体系概述 46

第二节 高校政治思想政治教育育人体系一体化的建设路径 53

第三节 高校思想政治教育育人体系一体化的氛围建设 114

第四章 互联网+时代思政课程的一体化建设 120

第一节 互联网+时代思政教育一体化的机遇与挑战 120

第二节 基于互联网平台的思政课程的一体化建设 127

第三节 互联网+时代思政课程师资队伍的一体化建设 150

第五章　新时期思政课程理论与实践教学的一体化建设 …………… 161

第一节　思政课程实践教学理论 …………………………… 161

第二节　高校思政课程实践教学模式 ……………………… 164

第三节　高校思政课程理论与实践教学一体化建设的路径——以"思想道德与法治"课为例 ………………………………… 184

参考文献 ………………………………………………………… 197

第一章 思想政治课程概述

思想政治课程是对大学生进行思想政治教育的主渠道,我国的思想政治课程的发展经历了多个时期,并取得了较大的成就。本章分为三个小节,主要介绍了思想政治课程的发展、思想政治课程建设的成绩以及思想政治课程的作用任务。

第一节 思想政治课程的发展

一、初步探索时期(1949—1956 年)

早在抗日战争时期我党就在陕甘宁边区和华北等革命根据地,创办了中央党校、鲁迅艺术学院、延安大学、华北联合大学、苏中公学等、列宁小学各级各类学校,高度重视学校思想政治教育工作,极大地改变了当地军民的精神风貌,为抗日救亡和打倒反动派实现国家独立、民族解放贡献了力量,同时培养了大批优秀党员和干部,铸就了永放光芒的延安精神,也为日后的高校思想政治教育工作积累了丰富的经验,奠定了实践基础。

中华人民共和国成立后,我国高校建设主要借鉴苏联模式,思想政治理论课的开设也带有明显的苏联痕迹中华人民共和国成立初,马克思主义理论教育被摆在十分重要的教育地位,尤其是对高校学生的思想政治理论教育。1949 年颁布的《中国人民政治协商会议共同纲领》提倡理论与实际一致的教育方法①。次年召开的政治理论课教学工作会议又明确要求思政

---

① 中共中央文献研究室中央档案馆编. 建党以来重要文献选编第 26 册\、[M],2011 年.

教育应保持理论与实际一致。

1951年暑假教育部在北京召开了全国高等学校政治理论课教学讨论会,就课程名称、课程设置、教学内容、教学方法、组织形式、重点难点等开展了研讨,提出要把课程建设作为高校落实"思想政治工作生命线"方针的切入点。1952年夏天开始了全国迄今为止规模最大的院系调整体制改革。通过对私立高等院校的撤销合并和对公立院校的系科重组,建立了单科院校为主的公立高等教育体系,为政府对高等院校的统一领导奠定了制度基础。为以后国家工业化建设和经济建设培养大批急需专门人才奠定组织基础。

1952年10月,教育部发出了《关于全国高等学校马克思列宁主义、毛泽东思想课程的指示》,对高校思想政治理论课讲授马克思列宁主义、毛泽东思想课程的内容、学时等做出具体规定[1]。

1953年6月,在教育部下发的《关于改"新民主主义论"为"中国革命史"及"中国革命史"的教学目的和重点的通知》中,把"新民主主义论"改为"中国革命史",同时新增了"马列主义基础"这一门课[2]。1954年4月的"54方案"中,把政治理论课作为共同必修课。

1956年高等教育部下发的《关于高等学校政治理论课考试评分问题的意见》指出,学习马克思主义理论并非形式主义的理论学习[3]。这种改革思路对于学生自身成长具有十分重要的现实意义。在这种思路下,高等学校在教育过程中全面落实马克思主义和毛泽东思想教学,学生也善于利用马克思主义基本原理分析中国的历史和实际问题,诞生了一系列马克思主义为指导的研究成果,以哲学社会科学成果最为显著。

二、积极探索时期(1956—1966年)

1956年,我国进入全面建设社会主义阶段,思政课程也随之进入积极探索时期。毛泽东思想教育在这一时期是思想教育的重点内容。1956年9

---

[1] 教育部. 关于全国高等学校马克思列宁主义、毛泽思想课程的指示. 1952年10月.

[2] 教育部. 关于改"新民主主义论"为"中国革命史"及"中国革命史"的教学目的和重点的通知. 1953年6月.

[3] 教育部. 关于高等学校政治理论课考试评分问题的意见. 1956年.

月至1960年，高校思想政治理论课又做了几次微调。1960年，在教育部印发的《改进高等学校共同政治理论课程的意见》中提出在所有高校开设"形势与任务"课，文科各专业开设"中共党史""马克思列宁主义基础""政治经济学""哲学"等课程，理工科等院校开设"中共党史""马克思列宁主义概论"[1]。政治理论课程经过多次调整和修改，还未形成完整而系统的体系。

这一时期，在教学的过程中组织多种形式的社会实践活动，开始注重启发式教学。1964年下发的《关于改进高等学校、中等学校政治理论课的意见》中详细规定了启发式教学方法的目的在于提升政治理论课的活力，在充分地理解钻研问题之后引导学生进行激烈的讨论，各抒己见；让师生学会独立思考和有效地解决问题[2]。讨论结束后教师对于学生的学习情况和争论点进行有针对性的总结和疑难解答，提升学生的问题认知水平。启发式教学推行后取得了良好效果，产生了一大批新的成果。

总体上来看，这一时期的高校思想政治教育紧紧围绕着党和国家的中心工作，在实践中不断探索、调整，在课程设置、教学内容、教学方式、教材选编、师资队伍配备等方面都不断走向稳定，为以后的高校思想政治教育工作奠定了基础。但由于受"左"倾错误的影响，从50年代后期开始也出现了一些急于求成的问题。

三、曲折前进时期（1966—1976年）

1966—1970年，高校思想政治课程教学的工作基本处于停滞的状态。1970年开设了政治课，学习的基本内容是毛泽东相关著作。

这一时期，几乎所有书籍前面都印有毛主席语录或者马克思、恩格斯等的语录，让学生在翻开书就接受马克思主义文化熏陶。此外，在教学方法上，还采用了"革命大批判"和开门式教学法，这也成了当时高校思政课的基本方法，甚至在恢复高考后一段时期延续使用的基本方法。

---

[1] 教育部. 改进高等学校共同政治理论课程的意见. 1960年.
[2] 教育部. 关于改进高等学校、中等学校政治理论课的意见. 1964年.

四、恢复和稳定发展时期（1976—1992年）

进入改革开放时期，高校思政理论课程体系也逐步回到正确轨道上，课程的设置在之前的基础上又有所发展。1978年4月召开了全国教育工作会议，与此同时，在教育部办公厅发布的《〈关于加强高等学校马列主义理论教育的意见〉征求意见稿》中对高校思想政治理论课的设置和学时做出了新的规定，史称"78方案"。"78方案"明确了高校开设"辩证唯物主义与历史唯物主义""政治经济学""中国共产党党史"[①]。在所有文科类院校，专业还要开设"国际共产主义运动史"，理工农医专业还要开设"自然辩证法"课程。

20世纪80年代是一个由封闭走向开放的时代，新生事物不断涌现，人们的视野不断开阔，逐步回到正确轨道上的思政教育也有了新的发展

1982年起，高校思想政治课除了"马克思主义理论课"还有"共产主义思想品德课"。1984年4月13日教育部印发《关于在十二所院校设置思想政治教育专业的意见》，决定在南开大学、复旦大学等12所院校首批设立思想政治教育专业，进行试点。[②] 思想政治教育专业的设立是一项开创性的工作，标志着"思想政治教育"正式发展成为一门独立的学科。

1985年8月1日中共中央发出《关于改革学校思想品德和政治理论课程教学的通知》，要求改革高校的马克思主义理论课程设置，逐步开设"中国革命史""中国社会主义建设""马克思主义原理""世界政治经济与国际关系"等课程，以适应时代发展需要[③]。国家教育委员会于1986年将"形势与政策"课程与"法律基础"课程纳入了高校思想政治教育教学计划。

1987年10月20日国家教育委员会印发了《关于高等学校思想教育课程建设的意见》，规定将高等学校"两课"中的思想品德教育课程设置为"形势与政策""法律基础""高校学生思想修养""人生哲学""职业道

---

① 教育部.《关于加强高等学校马列主义理论教育的意见》征求意见稿. 1978年4月.
② 教育部. 教育部关于在十二所院校设置思想政治教育专业的意见. 1984年4月13日.
③ 中国共产党中央委员会. 中共中央关于改革学校思想品德和政治理论课程教学的通知. 1985年8月1日.

德"五门课程，其中"形势与政策""法律基础"为必修课，其他三门为选修课①。

五、全面发展时期（1992—2004年）

高校思想政治理论课程随时代一起进入了一个新的发展阶段，教学的内容是中国特色社会主义理论体系，主要包括邓小平理论和"三个代表"重要思想。在1995年颁布的《关于高校马克思主义理论课和思想品德课教学改革的若干意见》中指出将马克思主义理论课和思想品德课这两门课程简称为"两课"。由此形成了"马克思主义理论课"与"思想品德课"规范运行的良好局面。

1998年4月23日，党中央批准了"两课"课程设置新方案，即"98方案"。6月10日，在印发的《〈关于普通高等学校"两课"课程设置的规定及其实施工作的意见〉的通知》中规定各层次的高校都要开设"形势与政策"课，同时将"马克思主义哲学原理""马克思主义政治经济学原理""毛泽东思想概论""邓小平理论""当代世界经济与政治""思想道德修养"和"法律基础"等课程作为四年制本科思想政治理论课开设的要求②。

"98方案"从教学内容上系统规划了专科、本科、硕士研究生、博士研究生不同层次的课程设置，形成了一个内容相互衔接、整体功能互补、知识结构合理的思想政治教育课程体系。"98方案"不但设定了每一门课的课程时数，而且还针对不同学科专业的特殊性进行了不同设置。在教材编写使用上采取了教育部示范教材推荐与各省市自编教材相结合的方法，充分地体现了原则性与灵活性的统一。

这一时期，大力推动教学内容和教学方法改革，中央及教育部都十分注重教学方法的创新，以保证思政教学与时俱进。

---

① 中华人民共和国国家教育委员会.关于高等学校思想教育课程设置的意见.1987年10月20日.
② 教育部.《关于普通高等学校"两课"课程设置的规定及其实施工作的意见》的通知.1998年6月10日.

六、统筹协调创发展新时期（2004年至今）

这一阶段高校思想政治理论课发展趋势良好，课程已经固定下来，同时思想政治教育教学的内容变得多元化，教学的方法也不断变得多样化，与前面的阶段相比，思想政治理论课的实效性不断提升。2005年2月的出台的"05方案"中，中宣部、教育部下发的《关于进一步加强和改进高等学校思想政治理论课的意见》明确规定本科要把"马克思主义基本原理""毛泽东思想、邓小平理论和'三个代表'重要思想概论""中国近代史纲要""思想道德修养与法律基础"四门课作为必修课，同时，开设"形势与政策"课，另外，开设"当代世界经济与政治"等作为选修课[①]。此后根据2016年全国高校思想政治工作会议上提出的要求和2019年全国学校思想政治理论课教师座谈会精神，2019年教育部出台了《"新时代高校思想政治理论课创优行动"工作方案》，对新时代高校思想政治教育课改革创新和质量提升提出了明确的目标、主要措施和实施方案。进入新时代以来，国家将学生的思想政治教育放在了突出的位置[②]。2019年中共中央办公厅、国务院办公厅印发的《关于深化新时代学校思想政治理论课改革创新的若干意见》中提到思政课是落实立德树人根本任务的关键课程，发挥着不可替代的作用，指出要不断完善思政课课程教材体系[③]。

2020年4月22日教育部、中共中央组织部等八部门联合发布《关于加快构建高校思想政治工作体系的意见》，就高校思想政治工作体系的构建，从指导思想、目标、任务、重点内容、保障机制等方面进行了具体安排，为"高校思想政治教育集成创新"提供了政策依据[④]。

在不同的时代，关于高校思政课在课程的性质、特点、内容等有不同的划分标准，虽然历年来在思想政治教育的内容以及课程的开设上存在某

[①] 中共中央宣传部、教育部. 关于进一步加强和改进高等学校思想政治理论课的意见. 2005年2月.

[②] 教育部. "新时代高校思想政治理论课创优行动"工作方案. 2019年.

[③] 中共中央办公厅、国务院办公厅. 关于深化新时代学校思想政治理论课改革创新的若干意见. 2019年.

[④] 教育部、中共中央组织部等. 关于加快构建高校思想政治工作体系的意见. 2020年4月22日

些差异，但目前普遍的共识就是：高校思想政治理论课是一种德育课程，是一种理论课程，是一种必修课程，是一种国家课程。在新时代，仍然需要加强思想政治理论课的建设，在这个过程中课程体系不断完善，课程内容不断与时俱进，思想政治理论课在人才培养中的地位不断提高。

第二节　思想政治课程建设的成绩

一、建立了学科建制

"建制"是社会学领域中的一个重要概念，原指社会组织内的结构性编制、体系及其建构过程。当任何一门学科发展到比较成熟的阶段，都会形成与其自身发展相匹配的一系列知识体系、制度体系、组织系统和物质支撑系统，它们是观念组织与社会组织的结合，即学科建制。学科建制具有学理建制和社会建制双重属性，二者互为表里，共同支撑思想政治教育专业化发展。

（一）学科知识体系得到完善

首先，经过相当长时期的建设，思想政治教育的逻辑范畴从无到有，包含基本原理同马克思主义理论的关系、教育内容同临近学科知识的关系、专业知识与其社会应用的关系。以上三种子关系相辅相成，共同构成了知识体系的逻辑范畴。

其次，知识体系是高校思想政治教育的基础。当前，我国高校形成了相对明确的思想政治教育专业知识结构，主干学科与分支学科相互促进、互为依托，思想政治教育的知识体系日渐成熟。在学科建设的三十余年里，虽然不乏困难、阻碍，但高校思想政治教育学科的专业化依然取得了突破性进展，这是有目共睹的事实。

（二）学科社会建制得到发展

外在社会建制是指学科的社会组织与分工机制，代表一种稳定的社会模式和安排，包含其自身的物质载体、组织形式和行为规范。首先，在机构设置方面，当前高校思想政治教育的实体机构主要包括理论研究系统和实际工作系统。其中，理论研究系统主要由全国各高校的思想政治教育教研室构成，理论研究系统承担着学术研究的重大责任，数年来成绩斐然。思想政治教育主要包括三个子系统，分别是党政系统、军队系统和高校系统。其中，高校系统担负着学术研究和人才培养的重要工作，其基本任务在于促进学生思想的转变。在新时期，高校思想政治教育的诸多机构都进行了结构化调整，如20世纪80年代的中国高等学校思想政治教育研究会已经合并到中国高等教育学会，并成为其下一个专业委员会。

其次，在制度建设（即行为规范）方面，16号文件——《中共中央国务院关于进一步加强和改进大学生思想政治教育的意见》体现了党和国家对推进高校思想政治教育发展的战略部署，是标志着高校思想政治教育科学化进程迈上全新台阶的纲领性文件，为科学化进程新一轮质的飞跃打下了坚实的基础[①]。一直以来，以16号文件为首的一系列相关规定得到切实贯彻，系统内部的权责部门各司其职，初步建立了高校思想政治教育的制度体系。

二、思政教育研究方法取得进步

恩格斯认为，科学的形成要经历两个阶段，一是材料的积累，二是材料的整理。在几千年的发展历程中，人类已经对思想的发展积累了丰富的历史材料和宝贵经验，对这些材料的整理和总结为社会思潮的发展提供了范式，并使社会秩序井然。中国共产党自成立以来，一直致力于带领人民共同创造社会历史，在此过程中积累了诸多历史材料，并将其整合成为现实经验。

16号文件下发以来，对高校思想政治教育的研究活动进入到归纳整理材料的新阶段。从研究对象来看，研究工作存在两类不同的价值取向，一是学术取向的研究，二是行动取向的研究。如何整理已有的材料并深入理解其内涵，使思想政治教育成为系统化了的知识体系，取决于学术研究方

---

① 中共中央国务院.关于进一步加强和改进大学生思想政治教育的意见.2004年.

法。在现代辩证唯物主义方法论的指导下，我国高校思想政治教育已经形成了自身相对独立的话语系统，确定了基本概念范畴，并建立了初步完备的理论体系。

三、教育方法得到改进

（一）初步实现信息化教学

新媒体是时代进步的产物，其出现加速了信息的群际传播，使个体间的交流互动更加密切。在信息化进程不断加速的今天，任何社交软件和新闻客户端都可以成为学生获取知识的渠道，每一条时政要闻都是学生理解知识的案例，隐性教育对学生的影响程度也在大幅提升。

目前，高校思想政治教育主体已经能够在高校思政课堂之外有效利用微博、微信等客户端对学生进行信息引导，大多数高校和院系已开设官方微博、微信公众号等公共平台，为学生推送时政信息，解决实际疑难问题，关心学生的学习和日常生活。此类做法表明隐性教育这种教育手段已经得到教育者的重视。

（二）切实贯彻因材施教的理念

科学有效的教育手段必须要遵循学生的身心发展规律，思想政治教育的发展要突破以往教育手段的限制，就要将受教育者放置于时代环境中去看待，深入理解新时期受教育者性格特征的形成因素，并有效利用这些因素辅助教学，达到预期的教学目的。

当前，高校思想政治教育队伍正呈现年轻化趋势，教育者与学生之间的年龄差正在缩小，绝大多数教育者都能全面把握学生的性格成因，妥善处理统一教学与因材施教的关系。教育主体面临的是95后、00后这一特殊的学生群体，95后、00后这一标签已经成为个性、时尚、朝气蓬勃的代名词，其性格特征不同于以往的任何一代人，他们从内心就不认同传统的灌输式教学手段，而是渴望更为新鲜且带有创意色彩的教学模式，这类需求为高校思想政治课程的创新发展打开了新的篇章，促进了教育手段的正向发展。

四、教育人员素质得到提升

1984年9月，我国第一批思想政治教育专业本科生入学。至2005年，形成了三级完备的学科体系，学科建设初步实现了系统化。二十余年间，面向本科生和研究生的思想政治理论课系列教材有了较大的改进，与此同时，领域内不乏高质量的著作。而后又经历了十多年的学科建设，国内共有思想政治教育本科专业234家，硕士学位授予点324个，博士学位授予点75个，且教育者总体呈现年轻化、高学历化的态势。

国家十分重视对教育者的选拔和培养，专职人员是承担高校思想政治教育任务的核心团队，是对学生的学习生活和价值观念进行正向引导的主要力量。兼职人员主要包括优秀的高年级党员或研究生中甄选出的学生辅导员，他们与学生的距离较近，可以利用自身的年龄优势帮助学生树立正确的学习观。这种专兼结合的模式，不仅使教育队伍的数量增加，更能在实际工作中发挥更大的作用，从而形成一个个结构合理、精干高效的教育团队。

第三节　思想政治课程的作用任务

一、思想政治理论课的作用

思想政治理论课也经常被称作思政课，是当前我国高等院校高校学生的必修课，也是高等院校开展思想政治工作的重要渠道。具有以下功能：

（一）帮助学生树立正确的理想信念

通过思政理论课教学可以使学生完整地、准确地、科学地理解和把握马克思主义的科学理论，而不是片面地、肤浅地理解马克思主义理论，同时也可以避免或减少某些学生用个别结论、现象代替或否定马克思主义的价值立场真理性等。通过思政教育教师用科学的方法向学生讲授思政理论这一科学的内容,可以引导学生对科学世界观和方法论的掌握,提高其在实践中运用马克思主义的立场、观点分析和解决实际问题的能力,并在实际运用过程中不断加深对马克思主义理论的理解,从而牢固树立正确的理想信念。比如在思修课第一章的内容就是要引导学生树立正确的理想信念。

人们借助思政教育教学对其实践过程中出的种种现象、问题、关系都统一到一个有机体里,对其进行全面的、整体性的分析阐释,从而能更好地认识和把握这一系统。把作为思维工具对教学进行指导,帮助学生树立正确的理想信念,完善思维形态是教学理论研究的重要任务。通过思政教育教学指导教学实践活动,对保障大学生树立正确的理想信念有重要意义。

(二) 促进教学任务的高效完成

通过思想政治理论课能够使教师更加深刻地掌握这项教学实践活动的本质和规律,能够帮助学生更好地掌握教学内容,能够帮助教师达到预定的教学目标和教学要求,从而取得良好的教学效果。

思政教育是我们认识该课程教学实践活动本质与规律的基础。思政教育教学是经过科学抽象和高度概括后的概念。人们通过对思政教育教学展开研究,树立正确的、科学的范畴体系,能对教学实践活动有更深层次的认识,有助于揭示研究对象的本质和规律,对师生顺利高效完成教学任务有重要的保障作用。具体体现在两个方面。

(1) 思政教育教学是思政理论课教学理论本质和规律的手段与工具,这一教学包含着已有的学科教学理论知识。通过思政教育教学的推演,概念的移植等方法,对教学领域的种种关系产生新的认识,归纳总结出思政教育教学过程中的新特性和关系,继而架构出新的范畴,由此产生出新的理论。思政教育教学基本理论框架的发展创新是基于范畴的产生和形成,而思政教育教学的产生和转化会对其教学理论产生新的变化。通过不断的研究和发展创新,我们对思政教育教学领域内的现象有一个新的认识,包括特性、关系,甚至是范畴的基本内容等等都会有不同的认识,这就是促进思政教育教学理论体系完善和发展的新时期。

(2) 思政教育教学是思政教育教学实践活动本质和规律的手段与工

具。思政教育教学对教学实践活动具有基本的导向作用,它又反过来指导教学实践的发展。思政教育教学对教学的思维方式具有引导更新作用,使思维与时俱进。在对思政教育的研究、推演的基础上产生思政教育教学的具体内容,这实际上就是思维运动的结果,通过对已经存在的范畴进行深一步地探索,产生新的范畴并揭示其概念。通过对教学范畴不断深入研究,它能对教学中的各种现象的认识从感性上升到理论层面,为思政教育教学实践活动指明方向,确保师生顺利高效完成教学任务。

(三)提高学生的思政觉悟

思政教育范畴是通过思维逻辑对具体的现象进行抽象化,而其功能则是把抽象的概念具体化,用以指导实践。换句话说,这一教学就是从逻辑层面展现了教学过程的系统性和整体性,从而构成教学理论的基础。

思政教育的实践活动及相关的理论知识具有规范的功能,它是思维从抽象上升到具体的通道,能够对思政理论课教学理论进行规范,保障大学生提高思政觉悟及坚定正确的政治方向。目前,随着教学手段的不断发展,实践活动内容多样,形式各异;教学规范作为教学的理性认识和基本理论单元,教学的每一环节产生、变化、发展的基础,对教学中的诸要素的位置、作用都有明确的规定,它对教学的指导作用,是教学效果和目的达成的保障。在思政教育开始前对教师的所采用的教学方式方法也具备指导作用,也是教学方向的重要影响因素,保证教学内容和对学生思想的引导方向是正确的,是与马克思主义所提倡的思想、政治、价值观念保持一致性,保证对大学生培养的是正确价值理念和政治方向。学生通过思政教育教学范畴的研究探索,有助于更好地掌握这门课程教学的理论知识,对提高大学生的思政觉悟及坚定正确的政治方向有保障作用。

二、思想政治理论课的特征

(一)客观性与主观性统一

思想政治教育教学是客观内容与主观形式的辩证统一,它是对思想政治教育教学实践活中的各种现象之间的关系,以及教学的特性、教学方面等本质的一般概念的概括和反映。思想政治理论课教学的客观性与主观性的统一体现在两个方面：一是内容来源是客观的，一点也不能离开客观实在；二是从形式上来说是主观的，它是内容这一客观存在的反映形式，人们通过自身的主观能动性，对教学实践的具体内容进行能动的思考，对其进行能动的反映和改造。思想政治教育教学的客观性是指其教学内容来自这门课程所研究的特殊领域的教学实践，包括具体的高校思政课堂教学和实践教学，且其所固有的本质和规律性是不以教育者的主观意志为转移的客观实在。思想、知识、行为，思想政治教师与学生，理论教学、实践教学、管理教学，理论灌输与情感共鸣等都是这一范畴的内容，它们都从属于意识层面，但其都不是由主观意念自主产生的。范畴体系的构建都是从实践中产生，是教学实践的结果，是对实践的科学分析和抽象，所以它不同于不以人们意志为转移、独立于人们意识之外的客观实在的物质的客观性。思想政治教育教学是对教学实践活动的本质和规律的反映。因此，从其范畴内容的来源和它建构的过程、趋势等来看，它都具有客观性。

研究理论疑难问题时，我们需要充分调动人的主观能动性，人们的主观性将思想政治理论课教学的研究领域中产生的具有客观实在性的原材料进行加工制作，这种加工制作就是通过人脑对客观实在进行理论思维的创造活动，使其在表现形式上具有主观性。

（二）整体性与教育教学的层次性统一

思想政治教育教学是维护好、发展好党的意识形态工作的重要组成部分，也是提高人民思想道德素质的重要手段。思想政治教育教学是本学科理论体系中的基础，而理论作为人们在实践基础上，对事物的认识由感性上升到理性而形成具有前瞻性的教育内容，其本身对教学实践活动就具有导向指引作用。由于思想政治教育自身具有的阶级性特征，其必然有一个价值指向。导向指引性主要是针对两方面而言。

一是对大学生的个人发展和如何在社会实践中发挥自身作用起到导向指引作用，包括引导高校大学生的思想观念、精神境界朝着全面发展的发展方向提升，增强学生的精神力量，在实际的教学中促进社会主义核心价值观同学生自身的思想观念和政治观点相融合，积极引导和帮助学生自觉接受并且树立社会主义核心价值观，引导高校大学生为实现伟大复兴的中国梦而努力等。

二是为教学实践活动提供一个客观的标准，对思想政治教育教学的改革发展方向起到指引作用，促进教学理论的创新与发展。思想政治教育教学是思想政治教师在马克思主义的指导下对学生的价值选择和社会价值的取向产生导向指引作用，使其形成社会发展所需要的道德规范和思想素质。思想政治教育教学的导向指引是实现教学目标的关键，其既是促进社会和个人的全面发展的要求，也是马克思主义理论与时俱进和教育多样化发展的需要。

整体性在思想政治教育教学中首先体现在教学中的每一阶段和环节中，其次还体现在教学内容的整体性。思想政治教育教学是向学生传授马克思主义理论知识的课程，在教学过程中，不应把认识某一具体知识的目的作为教学的第一要务，否则学生将无法掌握这一教学内容，更无从谈起对知识、思想的转化。

思想政治教育教学是一门兼具系统性、完整性的课程，可将各种性质类型的教育教学因素整合到教学过程中，并能引导高校大学生把感性认识或零星观点转化成一个整体的思想政治素质，其教学最重要的一点就是要使学生对马克思主义理论的价值立场、观点等思想的认识转化为信念，因此在教学过程中一定要重视对整体性的把握，而对思想政治教育教学构建的理应体现整体性这一特征。思想政治范畴系统是一种思维形成的存在，有不同的要素、层次而构成的一个整体结构，其变化发展集中地体现了辩证逻辑整体的运动过程，在过程中不同的要素、层次之间，整体与层次、要素之间，整体与外部事物之间都有着各种联系。思想政治教育教学作为一个学科体系的重要组成部分，必然要求通过思维形式来系统反映其包含的要素、层次之间，整体与层次、要素之间、整体与外部事务之间的各种联系，使教育者和受教育者从中获益。思想政治教育教学体系是从本质上揭示了各个要素、层次以及范畴之间的运动轨迹和规律。

思想政治教育教学的层次性表现在这一教学既然是一个教育教学的整体系统，其间必然具有教育教学的局部层次。思想政治教育教学体系的划分是依据逻辑思维的组织、推演及运行规律展开的，进而形成了由起点、中心、中项、成效和终点等范畴构成的这一具有逻辑性和科学性且合理有序的范畴体系。高校思想政治教育教学是围绕中心范畴，然后从起点范畴开始,经过中项范畴、成效范畴最后到达终点范畴的动态运动和发展变化的过程。这个过程动态简洁地揭示了高校思想政治教育教学体系中不同要素和层次之间的内在联系及运动变化的本质规律。思想政治教育教学的整体属性决定了其只有体系完整、各要素层次分明、合理有序地联系在一起,才能科学地反映思想政治教育教学的本质规律。正是由于高校思想政治教育教学的整体性特征,其结构与层次之间彼此关联、相互作用,一是指系统与要素环节具有稳定的关联性,即其范畴体系中的各个具体范畴均有固定的位置和作用等;二是指层次与层次之间具有关联性,即指这一教学内的每一逻辑层次之间都是彼此相连的,具有逻辑规律的关系。正是由于这种系统与要素、层次与层次之间的关联性的存在,这一教学体系的结构才得以形成,并具有稳定性。关系是结构得以存在的前提,也是构成系统的基础,而只有系统内要素间得以稳定才能形成彼此之间稳定的关系,任何事物的整体性质都是每一部分之间相互依存又相互制约的关系来体现的。

在思想政治教育教学体系中整体与任一层次,层次与层次之间都有着相互制约与依存的关系。思想政治教育教学不仅具有导向指引下的整体性特征,而且还具有教育教学过程中的层次性特征,从而能够把这一系列的动态联结为合理有序、层次结构分明的有机统一整体,从而就构成体系。综上所述,思想政治教育教学具有导向指引下的整体性和教育教学的层次性的特征。

(三)绝对的科学性与相对的利益性统一

思想政治教育教学的科学性在于所概括和反映的内容即思想政治教育教学的科学性,思想政治教育教学通过教学实践活动使学生形成社会所需要的思想政治道德,培养学生全面发展的综合能力。马克思指出无产阶级社会中,就是要让社会成员的能力得到充分的发挥,而思想政治教育就是遵循着这一观念展开教学活动的,以期通过教学将学生的观念得到最大化的提升。社会的发展及其实践活动都需要理论的指导,理论是发展的动力,缺乏理论指导的实践都是无意识、盲目的,都是无法前进发展的,社会的发展改革只有在科学的理论指导下才能得以实现。思想政治教育教学实践活动以马克思主义理论为基础,向学生传授其价值体系、立场、观点等，其教学就是在马克思主义理论的指导下建构的，它导引思想政治教育教学发展规律发展。这一教学的科学性还体现在其自身具有的客观实在性和规律性，即其反映的是思想政治理论课教学特殊研究领域——思想政治理论课教学实践活动的特殊矛盾运动及其本质规律。在任何历史时期和政治体制下，普遍性是思想政治教育教学实践活动的特殊矛盾运动及其本质规律的一个基本特征。所以，客观性和科学性就构成了思想政治教育教学内容基本特点。任何历史时期和任一体制下的意识形态教育，基本都客观地反映了其内在的本质和固有的规律。思想政治教育教学的科学性是绝对的，这一教学实践在一定的具体条件下具有相对不变性，保持其相对稳定性。列宁认为，辩证唯物主义强调的是要承认真理的客观性和绝对性，且真理是正确揭露客观物质的本质和规律的，因此，承认这一教学的客观性就是承认了它具有绝对性。

而思想政治教育教学的利益性指根源于其本身具有的阶级性和意识形态性。其具体达成目标和服务的对象是由统治阶级的阶级性质和立场决定的。

一是思想政治教育教学在这门课程教学实践的基础上，既包括对原有教学内容的修正，也包括在现有的基础上更新内容，任何事物的产生都摆脱不了现实的因素，范畴也不例外，这一理论体系的构建会被当时的实践所影响，其结构体系是在对当前教学实践的总结、归纳和抽象，它的建构被许多条件限制，其不能对未来的教学实践进行完全准确的判断，故当前的范畴反映的内容是相对的，并不是绝对的。

二是正如辩证唯物主义观点强调的那样，事物在实践中是矛盾的状态，是不断变化发展的，会呈现相互对立、相互依存的状态，并能够辩证转化的，此时对立、彼时统一，这也就是事物的一个过渡性和相对性特征。而思想政治教育教学的相对性就是对其教学实践中的基本矛盾运动及转化的反映。因此，思想政治理论课教学之间是能够辩证转化的，具有相对性。

由此可见，思想政治教育教学是绝对性和相对性的统一。高校思想政治教育教学所具有的绝对的科学性不是完全独立存在的，而是通过相对的利益性变现出来。根据列宁的观点来看，如果我们只承认高校思想政治教育教学的绝对性，而否定高校思想政治教育教学的相对性，后果就是会致使我们思想的僵化。

(四) 实践性与认识性统一

通过实践和认识的不断反复运动，人们在对从教学实践过程中得到的原材料运用头脑的主观的理论思维形成最初认识，在最初认识的基础上进行反复推敲，分析研究，总结归纳教学实践内在的、本质的特征和现象，进而对这些现象的普遍联系进行分析研究，得到各种现象的内在联系和共同本质，从而形成思想政治教育教学的实践性。其实践性表现在两个方面：首先，源于思想政治理论课教学实践并服务于思想政治理论课教学实践。其次，这一对培养大学生正确的马克思主义价值立场、方法、观点等具体的、现实的教学实践活动具有指导作用，是影响教学目的和教学效果达成的重要因素。

高校思想政治教育教学在本质上是思想政治教师与学生之间不断实践，不断提高认识，再用认识指导实践并得出新的认识。老师的教与学生的学就是构成这一特殊教学实践的统一结合体，从而作为反映教学基本概念的范畴具有实践与认识的统一性。综上，教学的根本属性就是实践，其从实践中得出，也反作用于实践，为实践做指导。基于思想政治理论课教学实践活动而展开分析研究，构建思想政治教育教学也是实践和认识的统一体，具有实践和认识的统一性特征。

思想政治教育教学对体现中国特色社会主义思想政治教育教学追求最重要的价值体现在其能对培养大学生的马克思主义理想信念的教学实践产生指导作用，表明其与培育高校大学生的思想政治修养和德育教育教学的现实的教育实践是紧密结合的。具体体现在通过范畴对教学实践的指导，有助于学生对教学实践活动产生正向的思想认识。其次，因这一理论的形成与发展都源于其实践，思想政治教育教学中的研究人员可以在实践中检验理论的正确性，促进对理论的认识发展，降低这一在建构中的盲目性。

思想政治教育教学是教学实践与理性认识活动的产物。思想政治教育教学的实践活动形式越多样、内容越丰富、层次越深入，揭示其各种现象内部的、本质的联系更深入，从而形成更深刻、更精确、更科学的体系。

三、思想政治理论课的任务

高校思想政治理论课是高校思想政治教育工作处于一线的核心单元，对高校思想政治理论工作的成败得失具有根本性的影响。因此，明确高校思想政治理论课的任务，是确保高校思想政治教育任务能否高质量完成的前提。具体来说，当前阶段高校思想政治理论课的任务主要有以下几个方面。

（一）引领和教育高校学生坚定推动中国之治

中国之治是中国道路、中国制度、中国智慧、中国文化、中国精神等合力开辟的人类史上空前的社会治理与人的发展模式。新时代条件下，我国正处在走向世界舞台中央的变动进程中，此一阶段只有勇猛精进，没有退路可言。所以，对于高校思想政治理论课而言，其无论是倡导学习践行社会主义核心价值观，是培养"四有"新人，讲解"四个选择"的逻辑，还是讲述中国共产党马克思主义的认识论、方法论与中国革命和建设事业有机结合，开辟马克思主义中国化道路，建构中国化马克思主义新境界，都是来为中国之治逻辑的成立服务的，也是为坚定中国之治的中国自信奠基的。

（二）引领和教育高校学生将个人价值与社会价值辩证统一

以马克思主义理论四门主干公共必修课为例，"思想道德与法治"旨在端正和塑造正确的"三观"，坚定理想信念，厚植家国情怀，将个人价值与社会价值辩证统一起来，为共产主义奋斗终身。该门课程的意图非常鲜明，就是给初入校门的高校学生一个高远的目标，至于如何实现人生价值并没有立即给出答案。这个答案在后续开设的三门公共必修课中逐渐得到了明确的回答。

"中国近现代史纲要"课程通过回顾历史，让学生明白过往风云人物，与时代大势同向同行者成就了大业，背离或者逆向而行者只能留下历史的喟叹。这门课程给了学生以大量而生动的事实教育，教导高校学生如何看待党历史上的曲折和失误，从中吸取可贵的经验教训，更有助于他们完善自身思想，寻求成功的规律和方法，对于高校学生走上正确的成长道路是非常有借鉴和帮助意义的。但理论似乎并没有说透。

在"马克思主义基本原理概论"课程中说透了这个理论，因为，在马克思主义指导下，中国人民在中国共产党领导下取得了独立解放的胜利，取得了繁荣富强的成绩。当然，只是通过历史的教育并不能证明当下和未来。

"毛泽东思想和中国特色社会主义理论体系概论"在最后阶段，加深了高校学生对社会主义制度优越性的思考，担当了宣传教育和引领高校学生的任务，让高校学生在思索中获得启发，增强民族自信感和认同感，让他们相信中国共产党不仅在过去取得辉煌成就，在当代更在未来也必将继续取得前无古人的成就。激励学生不断完善自我，为中国特色社会主义事业而献身奋斗。高校学生作为中国新时代的建设者，唯有将个人价值和社会价值统一起来，才能顺应大势，走向有价值的人生。

（三）引领和教育高校学生将习近平新时代中国特色社会主义思想作为成长进步的指南

新时代中国特色社会主义思想是当代中国的马克思主义，也是马克思主义中国化的最新理论成果。作为一个集大成的思想体系，它是党在新时代鲜活实践和斗争基础上形成的，对于新时代中国特色社会主义建设而言，具有旗帜、纲领和灵魂的地位与作用。因此，按照新时代中国特色社会主义思想"进教材、进课堂、进头脑"的要求，新时代高校思想政治理论课的核心任务之一就是用习近平新时代中国特色社会主义思想铸魂育人，教育引导高校学生学深、悟透、做实，原原本本学，结合实际学，认认真真学，在教育教学中，有机融入，将高校学生培养成为合格的社会主义建设者和接班人。

第二章　高校思政课程体系的构建

我国高校的思想政治课程在发展的过程中遇到了不同层面的问题，对于这些问题的改善和解决是非常重要的一项课题。本章分为两个小节，探讨了当前高校思政课教学存在的问题，提出了高校思政课程体系构建的建议。

第一节　高校思政课教学存在的问题

一、教育教学方面

观念作为行动的先导，在不同的时代背景下所体现出来的内容不尽相同。新时代背景下，高校教育工作者在教育过程中所表现出来的传统的教育观念，相较于当代热衷于追求新颖事物的年轻一代，显得格格不入。

（一）教育目标与社会脱节

教育目标是关乎将教育对象，也就是将大学生培养成什么人的关键问题。目前，高等院校教育目标的制定是在以教育部相关学科建设的规章制度要求下进行的目标达成度，对学科发展以及学校发展规划的因素考虑得比较多，考虑学科发展与学校发展规划的因素比较多，对服务社会意识的注重程度明显不够。高等院校教育的目标是促进学生的全面发展，但学生的发展往往依托学科专业建设，无暇顾及思想政治教育与社会的真正契合度，导致学生的发展与社会脱节的现象时有发生。面对经济全球化的冲击，西方价值观念的影响，部分学校急功近利，只关注眼前利益，只注重与其学校发展有直接关系的专业发展,教学目标偏向功利化、短视化。

(二) 教育理念单一

对教育本质和教育价值的质疑"什么是教育?为什么要教育?怎样教育?"无疑进一步拷问世人未来教育何去何从,如何改变,教育理念无疑首当其冲,成为绕不开的话题。教学理念的落后才是真正的落后,理念影响思政课教学,因此更新思政课教学理念对于当前高校思政课教学的发展至关重要。教育理念的现代化是教育现代化的灵魂,教育理念的转变,对制度的转变和内容方法的改革起到了促进作用。纵观我国教育史,以孔孟为主的儒家思想,衍生出的教学理念、教学模式延续至今,影响着一代又一代学者。晚清民国初期民智开启、眼界拓展,国民睁眼看世界,开启了器物—制度—思想的学习,引进西方教育制度,教育内容借鉴于西学,然教育观念未曾改变。随着时代更迭,世人对于教育理念的探索脚步较为缓慢。根深蒂固、长期积淀的教学理念潜藏在人们头脑之中,且难以动摇。随着"互联网+教育"理念的问世,势必会对传统的教育和学习模式造成冲击,对师生关系引发新一轮对挑战。在个性化、互动性、开放性的"互联网+教育"大潮下,部分教师存在畏难情绪,在传统教学理念的影响下依旧采用传统教学模式,从而影响高校思政课教学的创新性发展。

(三) 教学模式有待创新

当前我国大部分高校都在积极地进行课堂改革,部分学校探究出了新的教学方法,取得了明显的效果,但事实上有一部分高校仍旧没有改变传统的教学方法。

部分教师对于教学过程中的模式和方法依旧是保留着传统教育的老套观念,对于运用新媒体、网络教育等学生所热衷的时代化产物接受度相对较差,运用到教学过程中取得的成效微乎其微,无法将其物尽其用,充分发挥出教育的影响力。新时代背景下意识形态工作论述所体现的科学观点和方法,是时代化背景下全党集体智慧的结晶,是在面对我国意识形态领域出现的新情况而做出的实事求是的正确思量,是新时代党的意识形态工作的指导纲领,正是因为其理论内容充分体现了时代化元素,才能更具针对性地处理和应对我国意识形态的各种问题和挑战。同时,习近平总书记关于人民性的论述也启示高校应注重创新以人为本教育理念。当前高校思想政治理论课大多以"百人大课"的形式开展，教师无法关注到学生的个体思想需求，降低了高校思政教育的实效。因此，高校思政教育者应多从时代化教育以及新受众的思想行为特点入手，因材施教、实事求是地进行教学模式的创新思考。

思政教育是教师和学生一起参与并且积极发生互动的过程。因此，在思政教育过程中，教师和学生都应该加入课堂中并且积极地进行交流，但事实上部分教师在教学时仍然使用的是"满堂灌"的传统授课方法。这种传统的方法使得教学变成了单一的输出，学生没有积极地参与到课堂中，从而导致学生对课堂内容没有兴趣并且也缺乏投入学习的热情，所以传统的授课方法不能很好地体现学生的自觉能动性和自主性。

高校应及时反映时代要求，创新教学模式。目前，"翻转课堂""微课"教学、慕课教学等都在其他学科上得到了积极的运用，同样在思政教育上也应该得到充分的适当的运用。这其中就存在一个"度"的问题。思想政治教学内容的特性、教学科目的特点、学生年龄特点、学生学习能力等决定了应该使其有针对性地进行改进式发展，而不应该盲目仓促开展新的教学模式。此外，目前高校思政教育课程内容相对独立，大思政教育模式还未健全，未能全方位将思政教育的相关理论渗透入高校教育教学过程当中。

(四) 教学内容脱离实际

教育内容是决定大学生如何培养的关键环节。新时代背景下意识形态工作的重要论述彰显时代化的特质。对于高校而言，时代化是思政教育的内在要求。高校面向学生讲授，包括马克思主义理论以及马克思主义中国化的内容，这些内容是马克思主义理论在中国时代化背景下的产物，彰显了强烈的时代特性。

高等院校进行教书育人工作，教育内容有着严格的程序规定与制度标准，但是对于外在思维迅速发展阶段的学生来说，教育内容的更新速度比较迟缓，有些思想政治教育内容已经脱离了与社会前沿内容，没有办法对当前国际国内重大问题、热点问题和敏感问题进行及时的反应，对学生的吸引力不够。枯燥的理论教育引导往往脱离社会现实，学生容易产生消极情绪，而且导致学生注重程度明显不如专业课程，不利于思想政治教育效果的有效体现。

我国高校部分教师能够做到将思政教育内容与具体实际相融合起来，发挥了思政教育积极的作用。但事实上也有部分教师没有很好地了解学生，掌握学生的实际需求，在授课过程中只是照搬课本内容，讲解理论，思政教育本来就是理论性比较强的课程，所以这样容易造成生硬和枯燥的感觉。学生在课堂中感觉无聊就会渐渐失去学习的热情，不能很好地加入思政教育课堂，对所学内容缺乏思考，自觉能动性就很难真正体现出来。

（五）师生观念陈旧

我国思想政治教学的主体现今正处于一个变革的过程之中，尊师重道是我国教育传统形式，从我国古代延续至今的传统观念决定了教师地位与学生地位的不平等性特点。部分教师依然保持传统师生关系的旧观念，未能随时代的发展建立起新型的平等师生关系，在教学过程中以严肃的形象和话语威慑学生保持良好的课堂学习状态，学生有疑惑而不敢言，无法形成教育的良性互动。高校思想政治理论课内容本身枯燥，加之师生间互动交流太少，思政教育的亲和力和说服力得不到彰显，加深了学生对于思政教育枯燥刻板的印象。这也是影响思政教育成效的另一重要因素。

在新时代的教育和社会新的要求促使下，我国逐步由教师主体向学生主体转变。教师如何开展教学，如何认识学生、对待学生？这都要体现学生的主体性原则。学生不仅仅是学习的受体，更应该作为发挥主观能动性的主体。在思想政治教学积极倡导以学生为主体的大背景下，各学校应积极开发新的教学模式以改革取代旧的教师主导的教学模式。

二、教育机制方面

健全且良好的机制是高校思政教育工作达到最佳成效的有效保障，可见健全的机制对于高校思政工作的重要意义。

（一）课程机制不完善

目前，大多数大学生通过高校思政教育课堂接受思政知识，由此可见，高校思政理论课发挥了极大的教育影响。但部分高校对于教材的更新和最新政策、最新会议精神传达不是很及时，这就造成了思政教育内容以及会议精神内容传达的延时。作为思政教育的"主渠道"，高校思政理论课务必及时将马克思主义中国化的最新理论成果加入教材、贯穿课堂并扎根于学生心中。同时，"课程思政"存在形式主义，同样是由于思政教育课程机制不完善，对课程思政的开展没有明确的制度规定。

（二）考核机制不健全

高校思政教师是对大学生进行思政教育的主力军，因此务必要完善对思政教师工作内容和教育成效的考核机制，才能敦促其更好地开展教学和提升自身水平。目前，高校对于思想政治教师的考核重点依然是科研项目以及论文发表数量等学术方面的内容，而真正作为思政教师核心工作内容的育人成效考核以及自身思想素质、知识理论水平的考核却没有明确的制度规定。（三）协同育人机制不完善当前高校思政教育队伍的主要力量来自于思政教师以及辅导员老师队伍，并未做到全员育人，协同育人机制流于形式而未能确切切实贯彻，高校教育教学与思政教育的衔接度和配合度不高，无法凸显出高校思政教育在高校育人工作的重要地位。

（四）网络化机制不健全

作为时代化背景下的新产物，网络以其便捷、迅速和高效的教育特点，成为思政教育的重要载体，不仅能够延长教学过程，同时增强了教学影响。但在运用和监管过程中缺乏相关机制。一方面，从调查结果来看，一半的大学生对于学校是否开设网络思政教育平台并不明确，可见高校思政教育对于网络的运用机制及管理机制并没有深入学生心中，网络思政教育平台形同虚设，对其的运用和管理流于形式，未能充分发挥其促进教育成效的作用，学生的认可度和接受度相对较弱；另一方面，习近平总书记关于意识形态工作的重要论述中强调了网络对意识形态工作和建设的重要性，对于高校思政教育而言，更应该关注到网络的正负影响，在利用好网络的同时，也要注重完善高校网络防御机制和舆情预警机制。目前高校对于校园网络的监管也没有形成成套、合理且科学的监管机制，对于校园网络疏于管理。在 2020 年疫情防控期间，各类高校更大规模地运用起网络教学平台进行线上教育，这次的疫情成为网络进入教育教学的助推器，但不免看出各级各类高校在面对疫情出现时将网络运用于教学的仓促和生疏，可见高校在日常当中并未建立健全网络化教学体制机制。

三、教师方面

（一）互联网思维的欠缺

传统的高校思政教育过程中，教育者的教学思维方式是一种封闭、被动的思维方式，但随着互联网的迅猛发展，各类互联网信息平台各显神通。在这个全面开放共享的时代，部分高校思政教育工作者跟不上形势，在初期始终无法接受"互联网+"时代教育理念已然发生改变的事实，缺乏现代互联网思维，甚至在教学中仍旧采用过去传统的教育理念。

（二）利用互联网的能力不足

比如有的老教师不能充分利用互联网获取教学信息，不会用互联网信息平台进行教学资源的编辑整合，也不能熟练运用互联网信息平台进行思想政治网上教育，同时不少思政教育工作者不了解新时代的网上语言，无法与大学生形成互动和共鸣。

（三）信息筛选的能力不足

当前互联网信息平台中的信息资源鱼龙混杂，而高校思政教育工作者的筛选能力受自身知识水平的限制，互联网中信息平台中的"暴力信息""诈骗信息"以及"消极信息"等让许多教育工作者对互联网产生了消极情绪。

四、学生方面

高校思政教育的顺利开展并达到期望成效，需要多方协同发力，其中最重要的就是教育者和受教育者双方的共同配合，在双向互动中完成教学任务并达到教学目标

（一）自主能动性差

随着我国高校改革力度的普遍提升，所有高校对思政教育水平的提高都愈发地重视起来，并且纷纷对思政教育课程进行课堂改革，改变传统的单向传输的授课方法，创新思政教育方式方法，突出学生的主体性地位，提高大学生思想道德素养。在进行课前预习的时候，有一些学生对于教师的安排过于依赖，不能独立完成学习计划和目标的设定，没有将其自身的自主性发挥出来。在学习过程中，仍然有部分学生已经习惯了传统的思政教育方法，只喜欢听教师讲课，不愿意主动思考问题。对于教师新的教学方法没有给予积极的反馈，对教师所教授的内容也没有进行积极的思考，表现出思维惰性，更不愿意与教师进行积极的互动交流。对于教师所讲的思想品德要求，也没有与自身进行对比反思，调整自身的不足，处于被动消极的状态，而且欠缺思考怀疑的能力，不注重发挥自身的创造性。

思政教育对象的自主性表现在学生对教师所教授的内容和知识进行自主学习、自主选择、自主吸收。学生在思政教育中积极参与活动，对于教师教的知识进行主动的、选择性的学习。在思政教育课堂中，大部分学生都能够自主地、有选择地学习思政教育内容并内化为自己品德的一部分，但事实上也有部分学生对于所学内容相对比较消极，没有积极地进行选择。教师在课堂上努力地讲课，学生却不关心教师讲的内容，只是关心考试的内容，对思政教育内容缺乏思考，自主能力差，不能安排好学习计划和学习目标，没有将教师所教授的内容内化为自己的道德修养。

（二）心理问题的出现

很多大学生都在大学阶段出现了一定的心理问题，同时也具有了更强烈的本领恐慌。心理问题诱因较多，而且不易于发现，一旦出现表征就已经发展到较为严重的状态，所以关注教育人员和学生的心理健康，开展心理健康教育，给予心理健康指导和关怀，是每一个高等院校思政工作者应重点关注的问题。

（三）道德法律意识薄弱

互联网的开放性和共享性使得信息的发表和获取变得十分容易，表现出"无屏障性"的特点，同时互联网信息平台给大学生提供了一个有匿名功能的虚拟空间，大学生可以隐藏自己的真实名字在平台中进行学习和发表信息，他们可以不用在意他人的看法和评价，但事实上由于缺乏相关法律规范，大学生不认为自己的造谣行为要承担相应的法律责任，所以在微博、微信、公众号等平台中发表自己的观点和意见时，有的大学生受到其他思想的影响，也跟风发布一些不实的消息，带来的严重后果是大学生无法预料的。

（四）缺乏对思想政治科学理论的真实信仰

根据调查结果显示，大部分学生表示自己对高校思想政治课持积极主动的态度，但由于我国高校的教育体制以及国家选拔类考试大多倾向于应试教育，因而呈现出重智轻德的现象，学生所表现出来的对思政教育积极的学习态度，大多数是应付考试或修学分，其中一些学生并非发自内心地接受思政教育知识，也并非真正信仰马克思主义等思想政治相关科学理论。由于教学模式和教学方法单一枯燥，与实际联系不紧密，造成了学生对思政教育相关科学理论"不实用"的心理暗示。加之信仰对象多样以及家庭环境的影响，大学生甚至出现宗教信仰以及伪科学、封建迷信的思想行为。

（五）价值观存在偏差

当前，大学生受到西方的享乐主义、个人主义等负面思想以及在伴随社会主义市场经济发展出现的功利主义、利己主义等思想的影响，这些思想与我国所推崇优良传统精神形成尖锐的对立。部分大学生受多元化价值观和思想的影响，出现了奢侈浪费、攀比心理等价值观问题，导致校园借贷惨剧屡发不止；也有部分学生作为学生干部官僚气息过重，为学生服务意识较弱。

（六）缺失高层次的理想信念

随着改革开放的不断深入，社会的利益格局出现了深刻变革，人们对于自身利益的追求更为迫切。这是特定历史条件下社会发展的必然结果。值得注意的是，一些高校大学生由于思辨能力和知识储备所限，受社会不良风气的影响,更多地将自身利益局限于个人的物质利益,将自身的发展游离于国家和民族利益之外,抛弃了对高尚理想信念的追求。大学生实现职业理想的目的是追求更好的自身利益和自身发展,这仅是低层次的自我理想,而并非为社会主义事业的建设贡献力量的伟大追求。

第二节 高校思政课程体系构建

一、思政课程的构建

(一)高校思想政治教育公共必修课程的构建

当前高校思想政治教育公共必修课主要包括本(专)科阶段的四(两)门主干课,外加思想政治理论课实践教学和"形势与政策"课,根据党的十九大精神指导和相关要求,"习近平新时代中国特色社会主义思想"按照"三进"要求,也将逐步在本科阶段和研究生阶段全面铺开。与之相对应,教育部就上述各思想政治理论公共课程的学时、学分予以明确规定,要求各学校必须开满开全,不能以各种理由削减课时,确保量足质优。那么,在此大框架确定了的前提下,如何构建优化完善公共必修课程体系,则是需要从结构、内容上进行优化,辅之以学生与教师的良性互动和坚实制度保障,提升每一门思想政治理论公共必修课的教育教学质量。

1. **对教学内容进行优化**

虽然各门课程的学时设定有着明确依据,然而各位教师教学风格、教学重点、教学组织等各有差异,因此在有些老师看来,学时不够的情况依然存在。面对这种矛盾,急需各个学校以教研室为单位,就所带课程进行创新式的集体备课,就教学内容、教学组织、教学质量等问题集中研讨,优化教学内容,设计教学路线,交流教学方法,确保各门课程的学习内容不打折,教学效果有保障。

例如,当前本科阶段教学中,"毛泽东思想和中国特色社会主义理论体系概论"课程讲授内容多,牵涉面广,教师普遍反映无法面面俱到,因此,专题式教学在各个高校被普遍应用。专题式教学的好处是内容聚焦,便利教师重新组织课程和教材内容,在聚焦重点难点的基础上,也能尽可能做到内容的全覆盖。

(1)政治教育:突出主导性内容

政治教育的内容主要涉及政治理想、方向、立场以及纪律等方面,其核心内容是有效地解决一些与社会制度、国家、阶级相关的重大问题的态度与立场问题。高校在开展思想政治教育工作时应始终贯穿政治教育思想,指导思政教育沿着正确的发展路径改革。

(2)思想道德教育:优化基础性内容

高校应正确地意识到,优化思想道德教育内容结构的关键并不在于认知规范,而是道德的内化和实践,学生要能养成主动用道德规范来约束自身行为的良好品格,不断地提高自己的自律能力。

新时代,必须从高校学生思想状态的实际情况出发,积极探索创新先进的教学方式,大力培育和践行社会主义核心价值观。此外,还需要高度重视科学发展观,并将科学发展观贯穿落实到高校的各项教育教学工作当中,以顺应时代发展的客观要求。

2. 对课程内部结构进行优化

"思想政治理论课实践教学"和"形势与政策"课务必是与理论课有机结合基础上开设,确保关联性、一致性、补充性和全面性。

当前部分高校的这两门课程虽有开设,但是铸魂育人的效果不是特别明显。究其原因,一方面是部分学校将这两门课程划拨给了团委、学生处的老师以及辅导员、班主任队伍,由此难以保证这两门课程与其他几门理论课程在体系上的完整性;另一方面,由于代课教师的学历背景、教学水平、认知能力等千差万别,所以导致两门课程的主渠道、主阵地作用的发挥成为疑问。因此,在课程体系优化完善方面,急需改变这一现状和设置上的短板,否则从全局意义上来说,破坏了国家制定的既有的课程体系,这显然于情于理都是需要思考的一个问题。

3. 对课堂实践教学进行强化

思政课程体系具有很强的政治性、理论性和抽象性,强化课堂实践教学环节,提高高校学生对理论知识的应用能力就成为高校提高教育教学能力的关键环节。

教师在课程实施中,首先要更新实践教学观念,教师要勇于创新实践教学的内容和形式,要灵活运用现代教育技术手段,将模拟教学、微格实训、案例分析以及辩论对话等教学形式引入思政教学课堂,使原本枯燥无味的课堂教学在学生眼中变得活泼有趣。要充分考虑到所有可能出现的突发状况,并善于对出现的状况进行有效处理;要合理统筹实践教学时间,要根据不同学生的知识水平差异选取合适的实践教学手段。

(二)马克思主义理论专业课程的构建

当前部分学校开设了马克思主义理论本科专业,由于各个学校的人才培养方案各有差异,开设课程也各有不同和侧重,很大程度上取决于所在学校的师资力量和学科方向,因此,很难就专业课程体系做统一性的优化完善,只有从优化完善的原则角度提一点意见。

1. 根据课程自身的规律和特点进行构建

马克思主义理论一级学科之下共有六个二级学科,那么在培养计划设定方面,就需要聚焦一级学科的规律和特点,细分六个二级学科的规律和特点,既不能求大求全,也不能缺边损角,既要保证一级学科的统一性,也要保证二级学科的特殊性。遵循该二级学科的发展规律,优化完善各个二级学科的课程体系。

2. 根据人才培养目标进行构建

同样开设马克思主义理论专业,但是每个学校的人才培养定位和目标就会呈现出差别。比方说师范类院校和综合类院校、理工农医类院校和文科为主的院校,它们的人才培养定位和目标均不尽一致。在这种情况下,相对应的培养方案以及由此设定的课程体系就应该有所区别和侧重。例如作为综合类院校的重点马克思主义学院和师范类院校的重点马克思主义学院,其培养方案绝不能完全一致,如果完全一致,就违背了两个学校的设置初衷。综合类院校根据其人才培养定位和目标,所建构的课程体系就要把视野扩展得更大一些,不能局限于师范类人才的定位和培养。同理,师范类院校根据其人才培养定位和目标,所建构的课程体系就要把眼光聚焦得更专业一些。坚决反对无视人才培养定位和目标,在培养计划中建构大而全,不能凸显学校和行业特色的课程体系。

3. 根据国家和社会发展需要进行构建

马克思主义理论专业课程体系并不是一成不变的，需要根据时代变化和社会发展需要与时俱进。比如 20 世纪八九十年代，该专业的培养计划偏重设置一些西方哲学社会科学方面的课程是非常需要的，因为当时的中国需要去更多更迫切地了解世界。时至今日，培养计划中除中西方思想文化交流方面的课程有必要保留并修订之外，更需要根据变化了国际局势以及正在变化的中国，开设并加强服务于中华民族伟大复兴的课程，服务于坚定"四个自信"的课程，如此才能保证培养出来的学生跟得上时代发展需要，更好地服务于国家各方面的建设。

（三）以健全高校思政课程的保障机制为支撑

良好的教学保障机制及认同氛围的构建需要多方的通力协作和共同努力。

1. 提高对高校思政课程的重视程度

国家和高校对高校思政课程的实际重视程度直接决定着此课程的建设进度和效果。可以从以下两个方面来进行。

（1）健全思政课程建设的监督机制，加大专职教师队伍的培养力度

首先，国家目前虽然已实行了此课程建设情况抽检和评估制度等，但正在实施的监督制度满足不了对各高校该课程建设的真实情况进行全面了解的需要，国家及相关部门应该进一步拓宽监督渠道，丰富监督途径，如将听取正面汇报与随机核查、明查和暗访、事先通知听课与随机听课相结合等。多途径、多方面的监督有利于全面、真实地掌握高校思政课程的真实建设情况。其次，国家相关部门在下发的《关于进一步加强高等学校思想政治理论课教师队伍建设的意见》中指出："本专科思想政治理论课专任教师要总体上按不低于师生 1∶350～400 的比例配备。"[①] 但目前多数高校的此课程专任教师数量未能达到这个比例，因此，国家要进一步重视马克思主义理论学科的建设和发展，尤其是师范类高校和该学科的硕士生和博士生的培养，积极培养出一批又一批的高素质马克思主义理论学科人

---

① 中共中央宣传部、教育部. 关于进一步加强高等学校思想政治理论课教师队伍建设的意见. 2008 年.

才，为满足高校对专职教师的需求提供保障。最后，国家或地方相关部门要充分发挥自身在协调各高校共享此课程教育资源方面的独特作用，使该课程教育资源作用最大化。针对此问题，国家或地方相关部门要积极探索教育资源共享模式，并做好监督工作。

（2）提高高校对高校思政课程的实际重视程度

高校应该从以下几个方面来落实细节性的问题。

第一，高校要积极探索此课程与其他类课程的协同教育机制和模式，将高校学生思想政治教育渗透于各类课程之中，以"潜移默化"的形式来提高高校学生的思想觉悟和政治素质，进而提高高校学生对此课程的认同。

第二，高校及领导要准确定位和认识实践教学的地位和作用，把实践教学真正纳入正常的授课过程。实践教学是一种涉及学校多个部门的教学方法，需要各部门给予支持和密切配合，因此，高校及领导要督促教务处、财务处、后勤处和保卫处等相关部门积极配合实践教学并提供支持。此外，要积极创建校内外实践场所和基地。充分运用学校的资源，创建校内实践活动场所，如建立模拟法庭，方便高校学生进行模拟庭审等；要加强与社会相关单位的合作，建立高校学生校外实践基地要考虑单位性质、工作人员素质等因素，以免对实践效果产生负面影响。

第三，纠正相关部门及领导对高校思政课程价值的错误认识，合理安排思政课程上课时间。上课时间安排要尽量符合学生学习能力的变化规律，尽量安排在学习效果较好的上午进行，以进一步提升此课程的教学效果。

第四，加大投资，配备足量的现代化多媒体教学设备，同时加强对教师进行现代教育技术培训，确保每位该课程教师都能熟练操作现代化教学设备。

第五，招聘满足教学需求的教师数量，严把质量关，改变现有"大班教学"模式，实行"中小班教学"模式。

2. 完善高校思政课程的保障体系

制度以其指导性和规范性的特点指导和规范着此课程教师的科研和教学；以其鞭策性和激励性的特性督促和激发着该课程教师科研和教学的开展及热情。为此，我们可以从以下两个方面来健全高校思政课程的制度保障体系。

(1) 健全高校思政课程教师教学评价体系

健全的评教体系不仅可以督促教师的教学,提升他们工作的积极性,也可以通过高校学生的评教态度、评教结果的可信度来检验该课程的教学效果,因为高校学生的评教态度、评教结果的可信度是高校学生思想道德素质和价值观的外在行为表现,在一定程度上反映着此课程的教学效果。当然,评教制度的建立和实施的主要目的仍然是监督和监控该课程教师的教学情况,督促教师提升教学能力和科研能力。

①设计结构合理、全面的评价标准

科学的评价标准在设计时应保持与教学目标相一致、操作性要强,要综合考虑多方面影响因素,将教师的实际教学情况、参赛情况和指导学生参加社会实践情况等纳入评价标准体系,同时在制定学生的评教标准时要符合高校学生的认知水平。

②评价主体多元化,调整各项分值比重

评价主体可以根据评价标准而进行分工细化,如可以结合教学督导制度,增加督导员对教师的评价;教务部门可以建立专门的评教小组,依据标准对教师进行经常性的不定期的考核,作为学期评教的依据。同时应该降低学生评教分值在整体评教体系中的比重,提高可信度更高主体的分值比重,比如督导员的评价、教务部门依据相关数据做出的评价等。评教标准的科学化、主体的多元化可以更加全面、客观地对该课程教师进行评价,并以此结果作为对教师进行奖励的依据。客观公平适度的奖励不仅可以激发受奖优秀教师进一步提升教学能力和科研水平的热情,也可以增加那些教学能力有待加强和科研水平有待提升的教师学习的压力和动力。

(2) 完善高校思政课程教学督导制度

教学督导制度是高校为更好地贯彻国家教育方针,改进教学管理,提高教学效果而依据相关政策法规和工作原则及流程而建立的一种学校内部监督和指导制度。督导员通过监控教学过程,掌握教师教学实况并分析总结,及时、客观地向学校相关部门及教师反馈实际教学情况和教学效果,并提出具有针对性的合理化意见和建议,从而保障教学效果和质量。结合当前督导制度存在的问题,高校要从以下三个方面来进一步完善此项制度:

第一,要重视督导制度的建立,准确定位督导制度的地位和作用,保证督导制度的权威性和独立性。

第二,本着专职和兼职、校内人员和校外人员、已退休教师和工作一线教师相结合的原则,聘用原则性强、具有崇高职业使命感、经验丰富的该课程退休教师为专职督导员,同时,吸收经验丰富、奋斗在教学一线的优秀专业教师和校外专家作为兼职督导员,建立动态的督导专家库。

第三,建立校院二级督导体系,这样可以使校院二级督导队伍形成互相配合,从而有利于提高此项制度的实效性;也可以更加全面地把握此课程教学的实际情况,从而提出更加全面、有针对性的改进意见和建议;同时,还有助于学校和思政课程教学部门有针对性地制定评教标准,配合评教制度的有效实施。

二、思政课教学体系的构建

(一) 教学体系的构建

教学体系是一个有机组合的运作整体,那么,就教学体系的创新而言,务必依据教学体系的特点,在教师队伍、教学场域、教学内容等方面进行相对应的科学的改革与规范。具体来说,教学体系的创新需要坚持以下几个原则

1. 依据教师队伍实际情况

从宏观角度审视教师队伍,主要是从教师专业化的角度审视思想政治理论课教师的实际情况,主要看数量、结构、学历、培养体系、梯队建设、培养机制等问题,这些方面的矛盾处理得好的地方,创新的基础和前景就比较光明,这些方面的矛盾处理不好,创新的基础和前景就需要发挥创造性,努力加以有效地解决。

从中观角度审视教师队伍,主要是从一个学校的角度观察学校思想政治理论课教师的实际情况,除了看数量、结构,也要看本校的培养体系、梯队建设、培养机制等问题,特别要观察学校范围内思政课教师的成长发展问题,创造出一个留得住、愿意干、争着干的环境和氛围,为思政课教师队伍的稳定发展创造出良好的发展空间。

从微观角度审视教师队伍,主要看每一个体的学历背景、优长不足以及发展特点和个人实际。要对教师进行区别化培养,精准式推进,要把教师个体的实际和他能所担负的任务有机统筹,在最大化各自优势的基础上进行创新,要把教学和科研方面的某一类难题交给最适合创新的团队或个体,才能实现人才队伍资源开发创造的最大化。

2. 依据教材和学情

依据教材和学情进行构建的目的在于保证创新的方向和步骤,脱离教材进行任何形式的创新构建,思想政治理论课就有可能变成"鸡汤课",也会大概率脱离思想政治教育理论课的本质。比如就《中国近现代史纲要》而言,如果脱离教材进行创新,那么就可能把这门课程当历史课来讲,而这门课是政治课,是让学生理解"四个选择"等中国近现代历史上几个事关国运的重大问题的一门课程。所谓"鸡汤课"就是没有营养价值的课,靠华丽的语言及表演,一味哗众取宠,对学生将会贻害无穷。为此,必须依据教材进行创新。同时也要依据学情进行创新,学情是教学创新改革能否正常开展的前提,无视学情创新,大概率事倍功半,出力不讨好,见不到实效,浪费各类资源。比如对于理工科学生和文科学生,不能适用统一的教学模式和教学方法,无论是资源配置还是讲授方式,以及任务安排都要体现出学情的实际,反之,所谓的创新距离初始目标就会越拉越远。

对此,可以根据高校学生个性特征,构建立体化教材的体系。

教材是依据一门学科的教学大纲、学科理念、学科内容和学科价值等进行编写的系统理论体系,其目的是为了更好地实现学科目标。高校思政课程教材是高校学生进行学习的基本资料。因此,我们要努力构建编写科学、体系完善的教材体系,以满足现实需求,具体来说,可以从以下两个方面来完善。

(1) 构建立体化教材体系

国家宣传部门、教育部门要建立健全高校思政课程教材使用情况监测制度,记录、分析师生在使用教材后的反馈意见和建议,并及时组织专家、理论研究人员和工作在教学一线的经验丰富的教师依据教学大纲和师生反馈的意见、建议优化完善教材体系,构建包括必备教材、相匹配的辅助资料、实践教学课本和电子资料等在内的全方位、数字化的教材体系。

(2) 根据高校学生特点，科学地编撰、修订书本内容

首先，在编撰、修订教材时要紧跟时代潮流和热点。根据国内外各方面的变化、发展及我国正处于社会主义初级阶段和社会转型期的客观现实，在坚持马克思主义意识形态主导地位和社会主义性质等的前提下及时删减与时代发展不相适应的内容，增强教材内容的时代感。其次，在编撰、修订教材时不可一味地回避一些社会现实问题，要把这些问题直接不加修饰地呈现在教材内容中，并用此课程的专业知识来分析、把握这些问题，以消除高校学生的困惑，进而增强教材内容的说服力和可信度。最后，在编撰、修订教材时要结合高校学生关心社会热点、社会现实问题和切身利益的特点，使其理论和高校学生自身实际密切结合，以此来激发高校学生的学习兴趣。这样可以使高校学生感受到教材内容的真实性和时代性，增强亲近感和说服力，能更好地激发高校学生学习该课程的热情，从而增强高校学生对此课程的认同。

3. 依据教学反馈

依据教学反馈进行构建是一个及时互动，不断调适，争取让教学不断得到进步的过程。所以，教学反馈要确保及时性和长效性，即一方面在较短区间内讲究及时反馈，一方面在较长区间内讲究跟踪反馈。也要确保科学性和合理性，反对"一刀切"的评价反馈，反对不顾及实际学科特点的评价反馈。教学反馈也要注意全面性和综合性，确保教学反馈不是单独的片面的评价，要确保学生主体地位，要将专家意见和学生意见以及其他听课老师的意见综合全面、实事求是地反映出来，否则会给教师本人带来偏差性引导。

（二）教师队伍的培养

1. 提升专业素养与综合能力

思政课教师队伍的培养要在满足数量基础上，提升质量。一是当前的思政课教师队伍中，学科背景复杂多样，缺乏马克思主义理论基础性和专业性训练的教师依旧占据相当比例。二是因为近几年新进教师尚需成长的时间空间，才能成长为满足学生和新时代需要的教师。三是思政课教师的职业成长培训工作尚需规范化和科学化。有鉴于此，全力提升思政课教师队伍的素养和能力，必须加快推进。

一方面，要严格落实国家关于思政课教师队伍培养与培训的要求，另一方面，要做好分众化培养培训工作。当前思政课教师出身背景不同，学历高低有别，教学能力参差不齐，学科方向存在差异，为此，培养学科队伍必须进行分众化培养培训，不能笼而统之搞培训，要有针对性。此外，还要注重实践类培养培训。实践类培养培训不能仅限于寒暑假走走看看，要督促思政课教师向马克思、恩格斯、毛泽东学习，走出书斋，躬下身子，深入农村、社区和厂矿企业一线，参与时间不等的生产实践和调查研究，才能有助于更好理解新时代的中国和变化发展中的世界，才能反哺课堂，增加课堂的吸引力，提高教育教学的实效性。

2. 培育深厚的家国情怀

涵养深厚的国家情怀，就是要求思想政治教育教师要从内心深处散发出对自己祖国的热爱，要深刻认识到中国特色社会主义制度的优越性，自觉的关心国家，敢于同危害社会的邪恶势力做斗争。

讲好思想政治理论课不容易，因为思想政治理论课教学要求高，思想政治理论课教师要有深厚的专业功底、渊博的文化知识、敏锐的洞察能力、宽广的学术视域、娴熟的教学技能，才能常讲常新，让学生真心喜爱、终身受益。因此，要在"四有"好老师的基础上，更进一步严格要求自己，在培训培育问题上，将"六要"严标准作为自己成长的方向，一定要与祖国同呼吸共命运，与学生心连心，与人民同进退，做"政治要强"的好教员，坚定信仰，严格遵循党的政治原则和方针路线，忠于党的教育事业，保持清醒的政治头脑，敢于亮剑发声；做"情怀要深"的好教员，心系家国，关注民生，践行以人民为中心的思想，因此更应当有对人民、对社会、对祖国有诚挚的感情，对历史发展充满自豪和信心，愿意将自己的成长同社会发展大势和国家的前途命运结合到一起；做"思维要新"的好教员，坚定理想信念，改变原有的陈旧思维，创新教学方式方法，坚持马克思主义认识论和方法论；做"视野要广"的好教员，扩展思想政治理论课的深度和穿透力，实现古为今用，做理论上的明白人，实践中的引路人；做"自律要严"的好教员，知行合一，秉持正义，全面加强对学生的正面教育，自觉开展正面宣传，严格约束自己的行为，做到表里如一；做"人格要正"的好教员，坚持正确的政治方向，科学的政治价值，高度的政治责任，用高尚的人格魅力和真理的力量，做好凝聚学生、感染学生和团结学生的工作。另外，要坚持问题导向，紧紧围绕党的治国理政战略，学会用学术讲政治，夯实马克思主义信仰的科学基石。

（三）教学环境的构建

1. 公平正义

面对学生之间存在相互竞争的现实，思政课教师务必建立公平正义的教学场域，以公平正义凝聚学生和号召学生。自古以来，中国人对社会的认知有一个最基本的法则，那就是"不患寡而患不均"，中国人对公平正义的追求是刻在骨子里的。

对于学生而言，在本就存在差异性竞争的条件下，如果一个思政课老师做不到公平正义，学生不但会产生排斥心理，更会对其鄙夷直至无视。即便教师认识不全所有的学生，但这一法则不能动摇，做不到公平正义，最终带来损失的是思政课的整体教育效果，威胁主渠道的教学实效。

目前来说，威胁公平正义主要表现在两个方面。一是有的教师价值观不正确，其以金钱、地位等作为衡量人生价值的标准。在教学和生活中，如果教师自觉不自觉表现出拜金主义，学生发觉或者意识到这个情况之后，就会对教师的形象大跌眼镜，上课时候对这个老师教授的所有内容也就不以为然了。二是有的教师在评价环节优亲厚友，对"关系户"学生格外照顾。如果这个学生本身足够优秀，可能也没有学生说三道四，但是这个学生如果没有做出令人信服的成绩，则会在更大范围内影响学生对社会的判断。上述两种情况，看似是小事，实则在学生心目中是大事，直接决定着师生关系和学生间关系的和谐，长此以往，学生对教学和上课产生排斥心理，没有任何乐趣可言，当这种认知传染开来，无论当事教师如何有才，也就不会再具有号召力、凝聚力和吸引力了。

2. 科学高效

科学高效的教学场域能够确保学生学有所得，确保教师教有所获，师生双方同时得到价值实现。为此，科学高效的场域构建务必做好以下几个方面的工作。一是教材体系到教学体系的成功转化，这种转化的成功能够避免照本宣科，避免全堂灌输，避免单一枯燥地讲授，能够将教学重难点、教学目标与学生相结合，与国情相结合，从而使得学生身临其境，感同身受，自觉与祖国人民同呼吸共命运，自觉将人生价值的实现与国家人民的富强幸福有机结合在一起。二是尊重学生成长规律和教育教学基本规律，辅之以特殊事情特殊处理，应用科学合理的方法路径为实现思想政治教育的目的而努力。三是把握思想政治教育的特征，学会灵活应用思想政治教育方法，完成思想政治教育的主要任务。依据学科特点，坚持诸多方法的灵活应用，是建构科学高效教学场域的基本要求。

3. 危机管控

教学场域作为一个密闭狭窄空间，由于师生之间、学生之间的交流互动而构成一个交往共同体，由此决定矛盾的必然性。作为教师，必须做好场域管控，否则会给多方带来不必要的损失。其中突发性性危机事件最为考验思政课教师的教学场域管控和创新能力。为此，教师要合理利用场域内突发事件，进行积极转化，避免消极共振，能够在"谈笑间"给学生以巨大的心理震撼，从而达到思想政治教育特别强调的立德树人效果。

例如学生在课堂玩手机早已司空见惯，很多学校为了杜绝这一现象，采用非常之法，课前收缴集中者有之，不准带入课堂者有之，严厉处罚者亦有之。为了提高抬头率而强制学生不带手机或者收缴手机并非一个良好的措施，而是应该对玩手机者进行积极正面引导，帮助他们走到认真自觉听课的路上来。例如学生玩手机的时候，点开了某视频播放平台，课堂上响起了背景音乐。歌声响起来之后，该学生也很紧张慌乱，肯定以为教师会责怪并严厉处罚他，那么此时，如果教师能够进行积极正面引导，做出积极转化，比如紧跟着音乐唱出后面的唱词，并进行刻意的表演，那么教学效果不言而喻。但教学场域的构建并没有就此结束，可以紧接着从这首歌的歌词出发，适时引导学生做更深一步的理解。科学高效的教学能够推动师生双方走上良性循环道路。

（四）教学内容的整合

思想政治教育学科的教学内容涉及庞杂宏大，自然科学、哲学社会科学多少都有所涉及。如何将政治教育的相关素材与课堂教学紧密联系，与教学目标有机融入，则考验思政课教师的取舍整合能力。为此，思政课教师需要做到以下两个方面。

1. 开阔视野，扩大知识面

思政课教师必须做到"视野要广"，上知天文下知地理，左眼观国内，右眼察世界，心中装人民。对理工农医方面的知识必须了解一些，懂得利用当前智能手机平台，各类公众号都需要关注一下，特别是科技前沿的问题，人类社会在科学领域取得重大突破的新闻，都要了解一些，如果学生问到了，至少不说外行话，即使掌握得不精确，但也要做到不犯错误，没有胡说的程度。对文学、语言、管理、经济类的知识则尽量做到能够与学生对话的程度。对于哲学、历史、教育学、心理学等与思想政治教育密切联系的学科，则必须做到精通的程度，否则真就无法应对教学内容越来越丰富、教学要求越来越高的现实了。

2. 根据教学目标和自我知识面确定讲解内容的宽度和深度

如前所述，思想政治教育教学的内容涉及面广量大，有限的教学时间之中，难以完成所有教学内容，为此需要去粗取精，将教材体系转化为教学体系。其中涉及内容取舍的问题，则要注意以下几个方面。

第一，遵循合理取舍原则，重点内容坚决讲深讲透，与核心目标具有较高支持度和关联度的内容不能丢弃。

第二，取舍不是简单的减法，而是综合应用之法，即将教材中的内容按照授课习惯和厘定的逻辑，重新进行排列组合，该粗则粗讲，该细则细讲，不能随心所欲丢掉和舍弃，注重最大化充分利用其中的素材，注意各部分内容的衔接。

第三，要在有限的教学时间中完成规定的教学内容，不能只讲一半或重点讲某一部分。只讲部分的现象经常发生在《中国近现代史纲要》《毛泽东思想与中国特色社会主义理论体系概论》《马克思主义基本原理》三门公共课中。如有些老师只讲《中国近现代史纲要》的第一编和第二编，或者最多讲至1966年。如有些老师不讲《马克思主义基本原理》中的科学社会主义部分，是不符合教学内容方面集成创新要求的做法。为此，受制于教育背景和教学能力，思政课教师对教学内容一定要在原则指导下，灵活处理，对于自己不熟悉的领域要督促学习，该补课的地方要补课，坚持活到老学到老，杜绝一本教案用到底，一个案例一辈子。教师需要根据变化了教材和时代，要根据变化了学情和矛盾，有针对性地学习，扩大知识面地学习，加强知识储备的宽度和深度，真正做到学为人师，行为世范。

（五）教学方法的应用

思想政治教育方法多样，就日常教学而言，教师需要灵活综合应用，才能不断提高教学实效。

1. 确定教学方法选择的依据

选取教学方法应遵循三个基本要求。一是根据教学内容选择教学方法，有些内容适合感染教育的方法，比如理想信念的问题，如果将先进人物和榜样的光辉事迹采用多种艺术化的表达方式，那么就会更容易感染人。每年岁末年初的《感动中国》栏目就是一种很好的实践。当然，限于时间地点和条件，有些内容无法充分展示，也可以结合其他方法进行教学。二是根据教育对象选择教学方法。本专科学生学情不一样，理工科学生和文科类学生的学情也不一致，西部地区学生和东部地区学生的学情亦有差异，根据教学对象不一致，在讲授过程中，既需要全面观照特殊性，也要保证一般性。三是根据具体目标任务和内容的不同选择教学方法，做到灵活应用和综合使用有效的教学方法，尽量不采用"一刀切"的简单化的教学方法，该使用比较教育法的时候用比较教育法，该使用激励教育法的时候使用激励教育法，要按照时代要求和学生期待使用合宜的教育教学方法。

2. 提高信息素养和能力

在网络信息时代，当前部分思政课教师信息搜集处理和判断应用能力较弱，意愿不强，很难适应代要求。就网络思想政治教育理念和方法而言，部分老师虽然知道学生都在网络空间，但是迫于自己没有信息跟进和观点表达能力，也就无从做到引导和教育。如此一来，小课堂的教育教学成效难以体现，毕竟不是每个学生都能在一节课之内就能消化和吸收，何况思想政治教育还是一种润物无声的集合理论与实践案例，知行合一的教育。为此，思政课教师需要不断提高信息交流的素养和能力，以便于在课下课外吸收最新的理论成果，与时代同节拍，与学生同视角，将小课堂与大社会有机联系起来，促进课堂教学生命力不断获得延伸和成长。

（六）教学效果的考核反馈

科学合理的考核反馈，既是做好创新优化的前提条件，也是创新优化的题中应有之意。

1. 学生评价居于中心地位

教学是师生双方互动的，集合知识性、传承性、创造性等于一体的实践互动，因此，对于教师教学活动的评价，必须确立学生为核心，在考核权重方面予以倾斜。当前有些学校对教师的教学评价非常注重专家考核，专家听课的权重明显高于学生的评价权重（此种做法的初衷是担心教师"贿赂"学生，但其错误在于忘记了学生是教学实践过程中的利益相关者，"每个学生都是一个独立的人"，没有哪位学生会对不负责任的教师产生好感的，因为不负责任的教师损害了他们的利益）。在专家考核反馈中，细分评价指标，对教学过程性指标权重予以细化和重视，强制要求教师对整个教学过程进行留痕操作，教师疲于应付这些书面材料，有些教师甚至不得不造假应付。反之，学生的评价考核只有印象分（总体分），没有专项评价分，权重很低。这种考核无视教学的主体感受，既做不到对教师的尊重，也做不到对学生的尊重，有违教学规律。

2. 尊重思想政治理论课的特殊性

部分学校对思想政治理论课教学的考核评价无视思想政治教育学科的特殊性，采取"一刀切"考核反馈，将其与知识性学习为主的专业课程拉在一起考核评定，这种考核无疑是不科学的。"一刀切"的主要做法是考核指标及权重的一致性，使用何种教材作为一项考核指标，当前思想政治理论公共课统一采用"马工程"通用教材，但是在考核专家的打分表上，被考核对象的这一项分数各不一致，让人啼笑皆非。考核专家组成也在部分学校存在"一刀切"的现象，文理科专家混编成组，这种"一刀切"对任何一门学科都是不公平的。为此，如果要做到创新优化，必须在考核反馈环节做到特殊性和一般性的有机结合，不能仅仅从一般性出发，不考虑思想政治教育学科的特殊性。针对考核反馈，教务处、学生处、马克思主义学院等要协同配合，将考核力量最大化，组成专业考核团队，与学生一起进行考核反馈，抓常态化，抓制度化，抓根本，抓立场，而不仅仅是一些细枝末节的督查，在考核指标和权重问题上，从课堂出发，以学生为主，围绕课堂教学进行考核，如此才能真实反映出一位思政课教师的真实教学水平。

（七）学生考核体系的完善

对于学生的评价，应着眼于不断提高学生思想政治素质和学习能力、实践能力、创新能力。考核应遵循以下原则：一要兼顾平时考查与期终考试，把平时考查放在突出位置；二要兼顾理论学习的考试与实践能力的考查，把实践能力的考查放在显著位置；三要突出学生自主学习、主动实践和创新能力的培养，调动学生主动实践的积极性、创造性，将社会实践能力考查成绩单列。在期终考试试卷中，应该留有一小部分的考试内容，让学生自己出题自己作答，充分发挥个人的见解，展示自己最好的学习成果。

（八）评价体系的创新

评价体系作为一个整体意义上的反馈过程，不同于课堂教学反馈和评价。如果课堂教学反馈和评价属于微观评价，那么评价体系意义上评价则是宏观评价。这种宏观评价同样事关思政课教师的获得感和成就感，事关思政课教师队伍整体能否实现可持续发展壮大，事关思想政治教育能否为中华民族伟大复兴持续贡献积极的能量。因此，做好评价体系的集成创新工作，事关思想政治教育集成创新的"最后一公里"，其重要性不言而喻。

1. 按照既定规划推动教学评价的发展

面对五花八门的评价体系和评价指标，思想认识上需要有所为有所不为，不为乱花迷人眼，保持定力，做好思想政治教育的分内之事，抓主业，牵红线，立德树人。例如，有些排行榜在师资队伍这个指标上，除了看重学历、背景、年龄等基本因素之外，甚至看重海外学习背景，将海外学习背景作为一个次级指标予以加权计算。可能在有些评价机构印象中，有海外学习背景的教师更显示所在学院（科研机构）的吸引力、知名度等。但是，思想政治教育学科教师，如果生搬硬套这个指标，恐怕会犯"刻舟求剑"的错误。当然，不否认海外学习背景有助于扩大知识面，有助于增强学科的社会影响力，但终究不是充分必要条件，因为，思想政治教育必须是站在中国大地上的一门学问，任何企图拿西方社会的标准判断中国一切的企图都必将陷入机械主义或者本本主义的泥潭。思政课教师要不忘初心，牢记使命，扎根中国大地教书育人，立德树人，把有效地解决新时代社会主要矛盾作为主要任务，提升中国特色社会主义学科的发展质量，建设中国特色社会主义大学，培养具有中国气质、中国气派，为国家富强、民族复兴而勇担大任的建设者和接班人。

2. 统一教学评价的衡量标准及权重

鉴于当前各类评价多元庞杂，给思想政治教育教学及科研实践造成的困惑，有必要由教育部相关职能部门牵头，全国重点马克思主义学院及拥有马克思主义理论本科专业的相关学校组成联合评价小组，就思想政治教育教学科研的评价体系进行创新优化。具体依据的文件有：《新时代高等学校思想政治理论课教师队伍建设规定》《新时代高校思想政治理论课教学工作基本要求》《教育部等八部门关于加快构建高校思想政治工作体系的意见》，等等。依据上述文件，从评价体系的内容角度而言，需要厘定评价原则，制定评价标准，设计评价方法，探讨评价路径，核定评价内容，确定评价指标及权重。从评价体系的层次而言，要区分办学层次，区分评价等级，区分评价类型（既要区分学校所处地域的类型，也要区分学校建设类型，还要区分学校层次类型），划分评价对象。从评价体系的纵横方向而言，既要进行横向比较，也要进行纵向评价。从评价体系的权威性而言，要将教育部本专科教育教学评估工作和思想政治教育专业性评价相结合，不能各自为政，各宗其脉。

3. 集中培训和引导教务部门正确认知思想政治教育评价体系

在以本为本的大趋势下，各高等学校积极抓课堂教学是学生幸事，国家所期，家长所盼。但是，部分学校教务部门在提升课堂教学质量方面，照猫画虎，照抄照搬，无视教育教学是一般性和特殊性相结合的一项工作，拿着一条尺子画线，拿着一个标准要求学校所有的老师，评价体系无视学科特点。

比较常见的现象，就学校而言，工科类高校的教务部门往往不尊重哲学社会科学的基本规律，拿工科标准评价文科专业老师的教学水平。而文科为主的高校，对理工类学科的认识也存在偏差。看似积极行动的背后，实则伤害了老师们投入课堂教学及改革的积极性。就具体教学而言，思想政治理论课是一门爱国主义教育课，也是一门意识形态安全教育课，还是公民道德修养和法治素养提升课，教材所设计的内容及内容之间的关系是密不可分的，整体性是思想政治理论课的鲜明特点。所以，在一堂课上，很难做到理工类学科那样的知识点聚焦化教学。换言之，学生在思想政治理论课上听到的知识点往往具有综合性和整体性，也不一定就能立即发挥什么价值和作用，无用而有用，无形而有形。在此情况下，思政课教师如果在教学设计上将教学目标碎片化、单一化乃至割裂化，显然不符合思想政治理论课的学科特点。但非常残酷的现实是，很多学校的教务部门在检查评比中，必须要求有所量化，有所体现，甚至细化到必须说明考试题中的某一个题的考核目标。更不用说，有些教务部门严格要求教师将学生的成绩正态分布，人为制造学业差距，完全无视学生的成长发展规律。

鉴于上述不符合现实和科学规律的事情始终存在，为此，思想政治教育创新优化的前提条件必须引导和规范教务部门顺应时代大势，尊重学科特点和规律，与教育职能部门、马克思主义学院及思政课教师，一同就思想政治教育教学评价体系问题进行统一规范，与前述统一衡量标准和权重问题一同有效地解决，以便各高等学校的思想政治教育工作能够形成最大合力。

第三章 高校思想政治教育育人体系的一体化建设

高校思政课程在思想政治育人方面扮演着重要的角色，本章分为三个小节。从高校思想政治教育育人体系概述入手，给出了高校思想政治教育育人体系一体化建设的路径，探讨了高校思想政治教育育人体系一体化的氛围建设。

第一节 高校思想政治教育育人体系概述

一、高校思想政治教育育人体系内涵

厘清思想政治教育的内涵意蕴，是探究高等学校思想政治育人体系整体构建的基本前提。近年来，高等学校思想政治育人体系作为一种新的理论名词和研究趋势在思想政治教育领域方兴未艾，也在高等学校思想政治工作中拥有越来越高的呼声。一方面，高等学校思想政治育人体系成为高等学校思想政治教育追求的目标之一，为高等学校思想政治工作改革、发展与创新提供了一个全新的视角；另一方面，高等学校思想政治教育育人体系意味着思想政治工作的协同创新，致力于将思想政治教育贯穿高等学校育人的全过程和各环节，这与思政育人的价值诉求不谋而合。而思政育人体系作为高等学校育人工程的一部分，需要以正确的方向作为引领。为此，高等学校思政育人体系的整体构建必然置于其内涵这一视域来审视，也就是首先要对高等学校思想政治教育育人体系这一概念来进行充分的解读。

（一）以正确的方法论为指导

高等学校思想政治育人体系建设以全员育人、全过程育人、全方位育人作为方法论。从方法论的视角进行解读，高等学校思想政治教育育人体系建设也可被视为一种工作格局。所谓的高等学校思想政治教育育人体系工作格局，是所有对思想政治教育产生影响的因素通过一定的活动或机制联系起来从而形成的一种合力体系的描述。简言之，就是整合社会和高等学校中一切可能的力量来推进高等学校学生思想政治工作，使高等学校思想政治工作的机制、体制和运行形态转化为一体化的育人格局。高等学校思想政治教育育人体系工作格局强调一个"大"字，实质上也是对高等学校思想政治工作整体、系统、协同的实践概括，具体表现为人员之"广"、场域之"大"、过程之"久"。

首先，人员之"广"就是多主体参与。高等学校思想政治教育育人体系工作格局较之传统的高等学校思想政治工作明显的一大进步就是思想政治工作者不再局限于思想政治理论课高等院校教师、辅导员和班主任，而是将全体高等院校教师、领导干部乃至后勤服务人员和学生干部都纳入高等学校学生思想政治教育中去。工作部门由思想政治工作部等一线部门拓展到高等学校教学部门、行政部门、管理部门和后勤服务部门，等等。这就大大增加了高等学校思想政治教育的有生力量，调动了广大教职工和学生的主观能动性。高等学校思想政治工作是一个分工合理、联系紧密、有机协调的全员性工作体系，高等学校所有师生员工都可以而且必须作为教育者而存在。

场域之"大"就是工作平台得到拓展。除思想政治理论课外，所有的课程都应该承担育人工作；除理论课程外，所有的实践活动都应该承载育人责任；除学校教育外，家庭和社会也必须肩负起育人大任。这就将高等学校思想政治工作的平台和范围大大扩展开来，不拘泥于课堂、校园，而是放眼整个国家与社会。

过程之"久"就是坚持全过程育人。高等学校做好思想政治工作非一朝一夕之功，不仅涉及学校工作的各个方面，而且也贯穿于学生成长的整个过程。思想政治工作要想取得良好实效，就必须纵向到底，从新生入学到毕业各个阶段各有规划、各有侧重，甚至工作之后也能产生一定持久的影响。这就是"大思想政治教育"整体性和系统性的体现。

高等学校思想政治育人体系格局追求的是高等学校思想政治工作全面和动态的平衡，个体系统（高等院校教师与学生）良性互动，群体行动（单位与部门）协调一致，整体系统（各个影响因素）相得益彰。

（二）以人为出发点和归宿

毋庸置疑，教育的根本目的是培养人和塑造人。无论是在东方教育中还是在西方教育中，教育一致地被定义为发展人性。人性的发展在心理学中是知、情、意三者统一的发展，具有不可割裂性，这也注定了教育同样具有不可割裂性。我国倡导的教育是学生德、智、体、美、劳全面发展，这是一体的教育观，是教育过程中五个不同的方面，而不等同于五种教育。因此，教育始终都只是一种教育。高等学校思想政治教育通过对受教育者有目的有意识地引导从而达到提高他们思想道德素质的目的，这是教育的一个方面，决不能独立于教育活动之外。而传统的思想政治教育在实践中出现的各自为政、互不相干的现象与"一种教育观"的思想背道而驰。

人是教育的出发点和归宿。高等学校思想政治育人体系建设同样以人为出发点和归宿，也就是"以人为本"。这里的"以人为本"放在高等学校思想政治教育的语境中，就是以学生和高等院校教师为双重主体。传统的思想政治教育观一方面忽视了受教育的主体性、差异性和能动性，一味强调高等院校教师和课堂的权威地位；另一方面忽视了广大教职工的主体性，将以人为本直接和以学生为本等同起来。

高等学校思想政治教育归根到底也是培养人的问题。高等学校思想政治工作的主体对象是高等学校学生，切实关注高等学校学生的所思所想，回应和满足学生现实困惑和精神需求，着力促进高等学校学生的全面发展是其应有之义。但与此同时，我们也应倡导以高等院校教师为本。这里高等院校教师是从广义上而言的，不仅包括思想政治工作者，还包括高等学校的管理者和服务者。高等学校思想政治教育主要提高高等学校学生的思想水平、道德品质和政治素养，实现构建受教育者精神世界的功能，必然要求高等院校教师的精神世界要积极健康向上。高等学校思想政治育人体系建设不仅主张"以人为本"的哲学价值取向，而且力争达到全员、全过程、全方位育人的理想状态。

（三）注重系统化的思维

从系统论的维度来观照高等学校思想政治工作，会发现它是一个多角度、全方位、系统化培育学生的育人工程。但这种结构复杂的育人工作在实际中往往难以达到最优效果。因此，"大思想政治教育"在这一层面上可以理解为是高等学校思想政治工作的一种应然状态，它并不是一个具体的模式或者方法，而是高等学校思想政治工作所要追求的理想状态。有理想就有现实，高等学校思想政治工作的现实困境也在呼吁着新的时代的到来。

高等学校思想政治工作在实际的操纵往往存在着系统建设思维缺乏、功能定位模糊不清、评价体系不全等一系列的问题。具体而言，要么重专业课轻思想政治理论课，要么给予思想政治理论课太多的功能和价值定位，抑或是工作队伍方面结构不合理、能力不足……这些都使高等学校思想政治工作陷入了一定的困境中。为此，高等学校思想政治育人体系形成的重点就在于专业化、体系化、立体化、制度化和创新化。思想政治工作队伍进一步专业化，即拥有强健的师资力量。为此要加强工作队伍的培训和指导，严格管理，提高标准，注重评价。课程建设进一步体系化，真正实现全课程育人。这就要充分发挥多学科的优势，专业课智育与德育双修，让思想课和其他课程互相协调渗透，形成不可分割的整体。育人主要手段进一步立体化，多方式、多渠道、多载体育人。让思想政治教育不仅入课，还要入社、入网；不仅"三育人""五育人""七育人"，更要"十育人"；不仅学校育人，还要社会育人、家庭育人。领导机制、评价机制、监督机制、激励机制等各种机制进一步制度化。以制度规范行为，保证党对高等学校的正确科学的领导，实时监督反馈各项育人工作各个环节的实施状况，强化责任担当，提高思想政治工作的实际质量。

随着时代的发展变革和社会大环境的逐渐改变，思想政治工作也要进一步创新化，既因时而变又因时而新。创新是事物发展的不竭动力，高等学校思想政治工作要想立于不败之地，就要时时刻刻注重创新。以新时代新思想来引领前进的方向，以新资源供给来增强前行的动力，以新技术来拓展育人方式，着力建立健全系统化育人长效机制。

二、高校思想政治教育育人体系的一体化的建设原则

（一）坚持以尊重作为前提

思想政治教育根本上就是做人的工作，情感又是人思想行为活动的重要基础元素，所以从这样的视角观察思想政治教育工作中现象，恰当合理地运用一定的相关知识技术解决思想政治教育工作中存在的问题，是推动思想政治教育创新发展的重要视角和抓手。一定的相关知识技术是指沟通的方式、渠道，收集学生主体的问题的方式，等等。"以尊重作为前提"这一原则的核心思想之一就是以学生为中心，为学生赋能，充分激发学生这一参与主体的潜能与动力，以期发展出一种发展型引导教育。在思想政治教育工作中，"以尊重作为前提"这一思路同样适合思想政治教育的实践，特别是在学生的自主性、能动性不断提高的情况下，采用赋能和引导等方法可以更好地激发学生的自主能动性，构建双向互动、和谐共生的思想政治教育新格局，进而提升学生的幸福感、获得感，提升思想政治教育的实效性

尊重每位学生的独特性与差异性是"以尊重作为前提"的基本精神，也是思政教育过程中的晤谈首则。"每个人都希望被尊重，也愿意尊重别人"。"以尊重作为前提"原则注重教育者对受教育者表现出发自内心的尊重、倾听与理解，受教育者的情绪情感都会被接纳，同时教育者不会对受教育者任意评价。当受教育者感受到自己受到的尊重，他们会提升自我尊严感与个人价值感。

传统的思想政治教育实践活动是教育者对受教育者的单向灌输，受教育者视为教育的客体和被改造的对象，因而教育者缺乏对受教育者作为个体的尊重，对受教育者的需求和心理活动关注较少。而研究受教育者的需要和特点，实质是把握受教育者的思想发展情况，运用焦点的尊重理念，倾听受教育者内心的真实想法，从而据此制定切实可行的教育目标，选择贴近学生、贴近生活、贴近实际的教育内容和灵活、丰富的教育方式。

（二）坚持以人为本的原则

在普通高等院校思政教育中，坚持以人为本更注重人的个性的释放和

发展，形成了一种对人在社会中发挥重要作用的肯定。这个个体不仅是指学生个体的自由发展，也是指作为教育者的教师同样也是主体之一，承担着重要的责任。思政教育坚持人本原则实质上就是坚持以人为本的教育理念，将教育者与受教育者都放在主体的地位，将马克思主义的基本观点运用到日常教学工作中，实现教学资源、综合管理、思想指导三者的有机结合，引导普通高等院校青年学子树立正确的价值观、世界观、人生观引领，为今后个人的发展与国家的前进打下良好基础。

（三）坚持全面发展的原则

要从教学的整体性、综合性出发，用运动发展和辩证联系的眼光去进行思政教育育人体系的研究，尽可能多方面、多角度、多方位地对这一问题展开研究分析。范畴体系中的具体内容是变化发展的，并在一定条件下可相互转化，我们要用马克思主义对立统一的辩证思维方法去研究范畴与范畴之间、每一组具体范畴内部等的辩证关系，不能把它们割裂开来进行研究，即从总体上研究和把握范畴的所有方面、所有联系和环节，促进范畴研究的全面发展，是思维的本质所在。因为这一育人体系是具有逻辑性的一个系统，其包含的每一组具体范畴都不是独立存在的，都是彼此相连、互补，且有一个隶属关系的存在，是从简单到复杂、从抽象到具体的，并在教学实践的具体过程中，它们之间都是不断变化发展的。这也说明了教学实践环节是一个联系、发展的过程，我们建构范畴体系是要重点关系教学实践中种种现象之间的关系，才能从理论层面对教学的发展的不同侧面展开全面的阐述，继而更好地指导教学。

（四）坚持积极向上的态度

采取积极向上的态度是高等学校思想政治教育育人体系建设的一条重要原则。其是指聚焦于正向的、积极的方面，强调探索过去正向、积极的经验，挖掘各方面内蕴的优势力量，并以此与高等学校思想政治教育体系相连接，令高等学校思想政治教育体系自身存在的内在资源得到充分利用。有学者指出，与其耗时费力、徒劳无功地寻找问题成因，不如直接聚焦目标，挖掘可以利用的、内在的资源和潜力，探寻正向的、朝向未来的、目标解决的积极观点。

思想政治教育也会运用一定的物质手段和精神手段，并通过激励的方式激发受教育者的思想动机，调动受教育者的内在积极性，使受教育者自觉将组织目标内化为个人目标并为之奋斗。很多时候，教育实施者往往会使用赞美、鼓舞等方式增强学生的信心与动力。这也属于"采取积极正向的态度"这一原则的运用。这样以积极的教育方式对待受教育者，从而激发受教育者的内在潜能，也是建设体系中所不可忽视的方面。

（五）坚持"循序渐进地调整"

思想政治教育也强调遵循人的思想"综合影响"形成和"渐次发展"规律，并将这一理念融入各种教育因素及方式中，以循序渐进的状态进行。"循序渐进地调整"，易于促使体系的改变为受教育者所接纳与理解，帮助教育者调整切实可行的教育目标，遵循教育规律、思想政治工作规律、学生成长规律，从而减少思想政治教育实践活动中的阻力，形成教育合力，实现思想政治教育过程的良性循环。

不能忽视一小步改变也是一个重要理念。在一般的思政体系建设中，很多人往往期待在短时间内获得巨大成效或者是跨越性进步。事实上，世界上所有的成功都是一步一步积累的结果。同样的，思政体系建设也涉及多个方面，并非立刻就能跟上改变的步伐。当设定的改进目标过高过难，有可能会导致体系建设的不切实际。相反，当循序渐进地调整时，随后就会像滚雪球一般带动更多的改变。

（六）坚持理论联系实际

思想政治教育要始终坚持理论联系实际，一切从实际出发，实事求是。实事求是是思想政治教育工作的科学思想方法和工作方法，要求讲实话，鼓实劲，办实事，求实效，主张实施操作性的行动能更好地为受教育者所接受。教育者要努力让思想政治教育活动建立在实事求是的基础上，是受教育者可行动且能落地执行的，做到解决思想问题与解决行动问题的统一。

明确目标并采取符合自身实际情况的行动，是各高校建设思政育人体系的主要任务。高校要协助各方将小目标的行动去抽象化且动态视觉具体化，使得一些体系建设任务和目标容易在真实情景中落实执行，也更容易在事后进行跟进。这样在解决或者预防问题的轨道上,可以增加执行的内在动机与成功率,更能接纳与面对现在的问题,增添合理的掌控感。

第二节　高校政治思想政治教育育人体系一体化的建设路径

一、法治资源与高校思政教育的一体化

(一)法治相关概念

法治素养培育在高等学校学生思想政治教育中是十分必要的一个方面,毕竟当前高等学校学生中的法治方面的问题越来越突出。因此,对于高等学校学生法治素养和精神的渗透与培养进行分析是十分必要的。要开展高等学校学生法治素养培养的研究,我们必须首先厘清高等学校学生法治素养的概念。本书在分析法治素养与其他诸种相近概念的联系与区别之后,对法治素养的概念进行了简单的考察。接下来,将对大学生法治素养进行界定,考察它具备哪些要素,具有怎样的组成结构以及内化与外化等,以便我们的分析调查有的放矢。

法治素养关乎国家治理的质量水平,关系社会发展与和谐稳定,关联大学生综合素质的提升。纵观古今中外的人类历史,公民法治素养成为文明社会公民素养培养的重要组成部分。对于公民个体而言,法治素养形塑了其人生道路的方向。对大学生群体而言,他们正在从学生向成人转型的关键时期,已经一只脚踏入社会。他们的知识水平、实践能力、思想政治水平、道德素养等方面在青年群体中相对较高,是未来社会主义建设的主力军。培养大学生法治素养,关键在于充分了解法律知识和理解法律法规背后蕴含的价值观,在于充分运用法律知识及技能开展实践工作、践行法治观念,在于充分利用法治素养提升个人综合素养,为中国特色社会主义法治建设贡献自身的正能量。

法治素养是大学生素养必不可少的一部分。素养,《辞海》解释为

"平素的修养"。素养并非先天所得，乃是后天经由环境熏陶而来。关于素养的概念，作者从素养一词的本义以及组成维度进行梳理。在词的本义上，"素养"的含义比较丰富。法治，《辞海》释义为"依照法律治理国家"。《现代汉语词典》释义为"根据法律治理国家和社会"。张文显教授认为，完整意义的法治包括三个层次，即法律体制、法律制度和法治文化。

有学者认为，法治是一个实践的概念，道德上的理想与政治上的抱负是法律应该担当的使命，而法治所关心的乃是法律统治地位的确立与法律的有效实施。杨忠明认为，法治就是指在民主的前提下，尊崇法律至上，以法治国的一种理念和手段。本书将法治定义为：法治是现代社会治理的主要手段，遵循法律制度、法律体制、法律文化为内涵的价值观，具备很强的实践性。

法治素养是公民适应社会生活的必备素养，是法治在个人日常生活中的具体实践和表现。法治知识、法治思维、法治信仰、法治精神、法治能力和法治行为，构成了大学生法治素养的六个基本要素。

需要注意的是，这六者之间相互依存、相辅相成。丰富的法治知识为各项能力要求的基础，只有具备了丰富的法治知识才可能树立严谨的法治思维。大学生具备了丰富的法律知识后，在严谨的法治思维的影响下，才能逐步积累健全的法治能力，在法治能力健全的基础上树立健全的法治精神、坚定的法治信仰，从而达到自觉践行社会主义法治行为的要求。

首先，法治知识是基础。大学生经过不断学习法治知识，才能更好践行中国特色社会主义法治行为，将其更全面地内化为法治精神，进而树立牢固的法治信仰。一旦轻视法治知识的积累过程，没有足够的法治知识做铺垫，法治素养自然也就成了无本之木、无源之水。对高校而言，应该在大学思想政治课程设置中设计法律教育专题课，为大学生个人法治素养的提升打好基础。

其次，要形成法治思维。思维决定出路，行为体现素质。具体说来法治思维是掌握法治知识后的一种升华，不仅要熟悉基本知识，更要有规则意识，能用法治知识来主导思考并将其应用到实际生活中解决问题。法治思维是一种思维方式，最突出的一点就是规则意识明显，以法律的规定来要求自己，思考和决定前以遵循法律为根本出发点，以违法的后果为行为的警戒线。大学生要依靠规则章程处理事务，对自己所应承担的责任与义务有清晰而明确的认识。大学生还要能够将法律知识应用于实践。严谨的法治思维可以很好地帮助大学生做出科学正确的决定，尤其是在情感、道德与法律发生冲突时，能够在法治思维的运用中做出正确的决策，在反复运用中不断提升自身法治素养，自觉在日常生活中践行法治行为。

再次，法治信仰是关键。现代化与法治内在联结、相互依存。只有公民树立坚定社会主义法治信仰，法律才有可能在社会中真正发挥应有的作用。在大学阶段，大学生看待事物的角度日益成熟、理性。在学生真正步入社会之前就让法治信仰在其心中生根发芽，对其今后的成长发展有所助益。大学生群体应该在成长成才的关键时期接受全面的法治教育，成为中国特色社会主义法治社会建设的中坚力量。

还有，足够的法治精神准备是良好法律被接受的前提。"尊学守用"是有机整体，尊法是前提条件，必须把着力培养法治精神放在第一位。法治精神是树立法律信仰后的产物，也决定是否拥有和实践法治能力，大学生不仅要"尊学"，更要能"守用"。在优秀法治文化的感召下，大学生能够自觉遵守、共同捍卫社会主义法治。法治精神强调规则意识，不仅心中有规则，更要行动守规则。一旦没有健全的法治精神，大学生法治素养的培养只能是空中楼阁。大学生把健全的法治精神作为价值目标，将是助力法治中国梦实现的强有力的精神支撑。

最后，法治能力和行为是基石。法治能力指的是大学生具备法治知识与法治思维之后，拥有将知识和思维付诸实践的能力。现阶段大学生要以完备的法治能力为行为准则，从目前大学生普遍法律行为来看，这一群体的用法能力还需要进一步提升。大学生无论是思想还是行动都是较为超前的社会群体，在用法方面的欠缺主要表现为：对自身权利行使、维护、救济等程序了解不到位，比如对部分政策法规和某些判决处罚存在看法，却不能通过合理合法的途径表达个人见解和建议，容易演变成互联网上的谩骂和攻击。法治能力水平影响国家法治能力治理现代化的进程。大学生作为高学历群体，更需要综合运用法治思维，提高法治能力，采取合理合法的行为手段解决自身面对的社会事务。因此，大学生需要提升自身的用法能力，能够灵活运用法治思维认识问题、解决问题，采取法治方式处理相关问题，能够运用法律解决实际问题，将生活与法治紧密结合。

法治行为是指当代大学生要自觉践行社会主义法治行为，在个人事务处理中能够用法律知识与法治思维解决问题，有效运用法律知识、法治思维思考问题、判断对错、做出决策、参与社会生活，不仅掌握课堂教学中的法律知识，还要在课余充分发挥自己的好奇心和求知欲，阅读相关法治著作、观看相关法治节目等等，这些都是整体提升自身法治素养的有效途径。大学生要有强烈的责任意识和规则意识，这既是法治思维的基础又是法治思维的表现。大学生应勇于承担自己的责任，依照规章制度和程序来处理事务，将法治意识付诸实践。只有将完善的法治知识和严谨的法治思维外化为自觉的法治行为，现实生活实践中不断运用，才能从根本上树立法律的权威，推动法治社会的建设。

就法律信仰的实质而言，它是社会主体对法律在理性认识基础上产生的一种感性心理，这种心理集中表现为对法的高度认同和信服。就法律信仰的作用而言，它不能只是一种社会治理的工具，当然也不是一种基于遵守规则而对法律条文的机械信仰，它实际上应该成为包含人们理性思考同时又极富人文关怀的价值体系，它的作用就在于能够在日常生活中指导人们进行选择，并将其上升为一种哲理思考。就法律信仰的来源而言，它必须是人们发自内心的信赖与遵守，这种信赖表现为人们在知、情、意三者上形成一种有机的统一。因此，从这个角度而言，古代的人治是法律信仰的最大敌人，处在人治环境中的民众深感"天威难测"，对法的信赖和神圣感更无从谈起。再进一步而言，人们对法律的这种感觉必须来自人们的日常生活，即与法律相关的法治实践。这一点也提醒我们法治素养培养的重点。我们还可以对法律信仰进行分类。就人们对法律信仰的态度而言，可以有绝对法律信仰与理性法律信仰两类。前者强调"绝对"二字，不容许人们对法律有丝毫的质疑与不满；后者则强调"理性"，即在对法律精神信赖的基础上对目前的法律条文进行合理的质疑。同时，我们也可以根据主体的不同将法律信仰分为多种类别，与思想政治教育研究密切相关的是高等学校学生法治信仰。高等学校学生的法治信仰具体来说，应包括了学生主体对法治发自内心地相信与在日常生活中的行动遵循。

此外，就法治意识而言。首先，法治意识是学生必备的品质素养。法治社会里，高等院校的学生认识、参与、改造社会始终离不开法治意识，法治意识是帮助高等院校的学生实现现代化和社会化的必备品质素养。高等院校的学生的法治意识是对法治社会客观现象的反映,是法治社会的产物,具有与生俱来的社会性,始终伴随并深刻影响着高等院校的学生的一生。其次,法治意识在学生的实践中逐渐深化。学生对法治意识的认识总会受到主客观实践水平的制约,如思维能力、知识水平等,绝不会一蹴而就。另外,法治意识作为根植于法治实践基础上的复杂的、变化着的社会意识,对法治意识的认识本就需要一个过程。因此法治意识培育要立足高等院校的学生的生活实际,针对不同主体,采取不同的方式。最后,法治意识使学生自觉参与法治实践。我们应该知道,区别于其他社会意识,法治意识不仅仅只是一种思想观念,它还体现了社会价值取向,是先进的社会意识。人的意识不仅反映客观世界,并且创造客观世界。也就是说,法治意识作为先进的社会意识,不仅能够发挥其先进性,使学生在社会意识逐渐内化为个体意识的过程中逐渐树立起正确的法治价值观念,逐渐正确认识法治现实实际,还可以很好地帮助学生在正确的观念指导下,自觉地参与社会主义法治实践。

正是因为部分高等学校学生法治素养和法治意识不强,所以才会有学生违法犯罪。在现实生活中,极少数高等学校学生由于法治观念不强、法律意识淡薄、法治素养不足,挑战法律底线、做出违法行为,甚至是社会普遍关注的犯罪行为,为法律所不容,扰乱了法治秩序,也有社会公众的强烈谴责,分析这些案例,非常必要也很有意义,既能够给教育者以启示,也能通过这些社会关注面高的典型案例,让高等学校学生知道哪些行为合法违法,从而重视法治素养的提升。大学生的法治素养经过学校培养和个人的自我修养提升,逐渐形成一种稳定的品质结构,这个品质结构具有内在性与外化性的双重属性。其中,内在性强调有意识地认知法律、适用法律,外在性注重物质层面上对法治的行为表现。内在性强调对法律的信仰,与更强调记忆法律的知识性相比,内在性增加了认识主体的思维创造过程,即对法律知识的提炼、加工与整合,最终达致对法律的认同。实践性强调对法律有意识地践行,与外化性注重凸显对运用法律不同,外化性比前者更加抽象,综合了知识性与实践性,是历经无数次对法律知识的实践后固化成的对法律的自觉遵守。

内在性是指大学生从内心对法律与法治权威性的确信与尊重。法治素养是将法律视为定纷止争、调整利益分配和体现公平正义的重要手段,是发自内心地将法律视为人类理性的典范与最高的信条，尊重法律的权威。法治素养的内在性主要体现为对法治文化的塑造，使法治的精神、融入人们的生活，让人们形成一定的思辨和理解能力。大学生受过系统的法治教育和法治实践体验，更有利于形成对彰显理性的法律的信仰，在内心树立对法律与法治权威的尊重。

法治不仅在我们的心中，更应体现在日常生活的一举一动，贯穿每个人的一生。外化性是指大学生法治素养在行为上具有一定的表现力。大学生法治素养的外化性是在其内在性的基础上以行为表现出来的对法律的遵从。法治应包含两种意义：已成立的法律获得普遍的服从，而大家服从的法律本身又是制定良好的法律。此处的前一种含义就是对法治素养外化性的重要演绎。具体而言，人们对法律会形成内化于心的认识，并指导人们的行为，从而体现对法律的信仰和服从，这一过程往往是春风化雨般展开的。例如：主动拒绝中国式过马路，在红灯前自觉停步；面对诈骗，能快速对其进行识别与应对；等等。

大学生法治素养的高低，不仅与大学生的日常生活密切相连，更影响国家和民族的未来发展。

（二）法治资源与思政体系一体化建设的目的

法治素养培养的目的是培养具备扎实法治知识、较高法治意识、良好法治思维、较强法治实践能力的高等学校学生，进而实现高等学校学生德法兼修、全面发展。高等学校学生法治素养从内涵上集中体现为高等学校学生对法治知识的掌握程度，不仅能促进高等学校学生个体的全面发展，而且能作用于法治实践，从而转化为外在力量助推全面依法治国的建设。因此，高等学校学生法治素养作为指引和规范高等学校学生行动的精神指南，是高等学校学生维护正当权益、促成德法兼修，从而促进自身全面发展的内生动力，是推动法治国家建设的重要基础，是实现良法善治的重要方面。

1. 形成一股法治的精神

法治素养是现代法治建设的精神动力，法治建设的进程也是法治素养逐步深入民心的过程。高等学校学生法治素养关系到全面依法治国的进程推进。

如果没有了法治素养的支撑，法律将仅仅是冷冰冰的条文，亦不可能使纸面的法律变为人们自觉的行为模式。因此，整个社会的法治素养的高低，对法的施行具有至关重要的影响。只有高质量开展高等学校学生法治素养培养工作，才能调动每一位高等学校学生对法律的尊重和认同，从而使法律在高等学校学生群体中获得影响力和感召力，从而推动法治校园、法治社会乃至法治国家建设。

高等学校学生法治素养的培养，既能促进高等学校学生个人法治活动的能动性及自身全面发展，也能为推进国家的法治建设提供强有力的支撑。高等学校学生法治素养的培养能够逐步让高等学校学生拥有社会正义观和正确的价值判断，并能将这种价值判断转化为现实的行动规范。以法治素养作为导引，高等学校学生群体本着对法律的认同，自觉做到尊法、学法、守法、用法和遵守社会道德的相关要求，使法律深入人心，进而推动形成和谐有序的社会秩序，助力全面依法治国建设。同时，高等学校学生接受高等教育，是群体中最有朝气活力的一部分，高等学校学生的法治素养往往反映着一个社会整体法治素养的高低，预示着社会整体法治素养的发展方向。因此，高等学校学生法治素养培养的功能还在于引领社会不同群体法治素养的提高，为公民法治素养的整体提升提供知识上的普及、方法上的借鉴、方向上的指导。

高等学校学生的法治素养源于高等学校学生对法律法规的理解和掌握，源于高等学校学生对法治实践的经验总结，但同时也作用于高等学校学生自身的成长发展和其所生活的法治中国。高等学校学生法治素养培养的功能，在于维护高等学校学生自身正当权益，保护高等学校学生自身正当权益不受侵犯。因此，法治素养培养的功能也在于推动高等学校学生成为"德法兼修"的高素质人才。同时，法治素养在诸多素养中居于核心地位，高等学校学生法治素养培养的功能还在于促进高等学校学生的全面发展。高等学校学生法治素养的四个功能环环相扣，从个人到集体，根本指向是推进全面依法治国的建设。

概言之，高等学校学生法治素养培养是让高等学校学生的内心中具有最高效力的"法律"，以其指导和规范个体参与社会的各种法律行为，带动和促进自身全面发展。高等学校学生法治素养培养的能动作用于当下乃至未来法治中国建设的深入推进。

2. 准确把握与理解法律法规

高等学校学生法治素养培养的目的之一就是让高等学校学生对法的产生、本质、运用等的理解和对法律法规的准确把握。而法律规范属于人们日常生活的基本准则，因此高等学校学生法治素养培养的首要功能就在于引导高等学校学生合法地参与社会生活、依法行使权利和自觉履行义务。通过合法的途径维护自身的正当权益则是高等学校学生积极参与社会生活的应有之义。

高等学校学生作为权利主体，既享有宪法法律规定的公民一般权利，如人身自由权、平等权等基本权利，也享有专门性法律规范赋予的各项权利。《普通高等学校学生管理规定》第6条明确规定了高等学校学生在校期间依法享有的七个方面的权利[①]。维护权益的前提首先是明确何为正当权益，学生无法分辨自身合法权益是否受到侵害，则不利于其合法权益的维护。

高等学校学生应对侵权事件时能否自觉运用法律手段维护自身正当权益，即对自身正当权益的积极追求和维权所用手段的合法性情况，是高等学校学生是否具有较高法治素养的评判尺度之一。高等学校学生具备较高的法治素养，才能使其在应对侵权事件时，根据现实情境认清事件的性质并做出正确的法律判断，以明确采取何种合法手段方可保障自身的正当权益。例如，若某学生被所在高等学校开除学籍后，受教育权必受到一定影响，此时高等学校学生具备相应法治素养即可根据相关法律判断该高等学校的行为是否符合法律程序，若不符合即提起行政诉讼进行救济，从而维护自身正当权益。

高等学校学生维护自身正当权益，必须采取合法的途径。首先，高等学校学生须了解合法的维权途径，并为合法维权收集相应证据。例如，相关研究表明，仅有不到30%的高等学校学生与实习单位签订了劳动合同，不签订劳动合同不仅是合法权益的丧失，更使得此后维权无据可依。具备良好法治素养的学生则能够明确维权合法途径，留存维权证据。其次，使高等学校学生敢于通过合法途径维护正当权益。例如，高等学校学生在实习期间面对侵权行为时，具备良好法治素养的高等学校学生可依据《民事

---

① 教育部. 普通高等学校学生管理规定. 2017年2月4日.

诉讼法》的规定向法院提起诉讼，或按照其他非诉讼的民事赔偿规定提出索赔请求。

按受教育年龄计算，高等学校学生年满十八周岁时即为完全民事行为能力人，可独立行使法定权利以及承担相应的法定义务。高等学校学生依法律己、运用法律维护自身的正当权益的同时，还能够利用法律为身边权益受损害的群体提供法律援助，维护社会公正。

3. 体现社会主义道德的价值

培养和提高高等学校学生法治素养，其道德水准也会随之提高，逐渐成为德法兼修的新时代好青年。

法律是具有国家强制力约束的行为规范。党和国家注重将道德规范的合理内核融入法律条文。正如新时代背景下所强调的，"法律是底线的道德，也是道德的保障"。因此，要推动道德修养和道德行为朝着健康有序的良性方向不断发展。

基于学习、实践而锻就的高等学校学生法治素养，不仅蕴含着依法参与社会活动的实践内涵，更讲求平等、正义、诚信和友善等社会主义道德的价值。高等学校学生法治素养培养的功能还在于将这些道德价值与法律理念相贯通。在我国经济社会深刻变革的大背景下，高等学校学生易受西方个人主义、享乐主义、拜金主义等思潮的影响，应教育引导高等学校学生践行平等、公正、诚信等道德价值准绳，自觉履行法定义务和社会责任，培养和造就"德法兼修"的新时代高素质法治人才，调动法治的内生动力和活力，具有重要的现实功能。

4. 促使高等院校学生的全面发展

法治素养的提高不仅仅是单方面素养的提高，更能引领其他素养的培养，促进高等学校学生全面发展。

教育的根本任务是培养全面发展的时代新人。高等学校学生法治素养的培养对于高等学校学生坚定法治信仰、丰富法治知识、加强品德修养、涵养诚信品格、增强综合素质等方面均有促进作用。

法治素养的培养能够促进高等学校学生的全面发展。"有意识的生命活动把人同动物的生命活动直接区别开来。"人的一切法律行为都是在一定的法治素养的支配下进行的。具备良好法治素养的高等学校学生在意识到自己是作为法治主体、独立的行为人而存在、发展和活动着的基础上，能自觉学习相关法律法规,并按自身需求积极运用合法手段争取正当权益,把自身的法治素养转化为满足自身的生存与发展的实践活动,从而保护和促进自我的全面发展。

高等学校学生具备良好的法治素养,可以很好地维护自身的正当权益,成为"德法兼修"的时代新人,可以充分调动自身的潜能实现自身的价值。因而,高等学校学生法治素养无论是作为一种精神存在,还是其转化为实际行动,都是高等学校学生成长发展的必然要求,是实现德智体美劳全面发展的重要因素。换言之,高等学校学生的法治素养的培养质量和水平将直接影响到高等学校学生的全面发展。

(三)法治资源与思政体系一体化建设的路径

1. 思政与法治意识一体化培育

中华人民共和国成立以来,思政教育在党的指导和关心下,取得了卓越的成绩。但由于国家经济发展水平、教育教学规律认知水平等主客观条件的限制,思政课在高等院校教师素质、教学效果、课程体系建设等多个方面仍存在问题,其中,各学段思政课按部就班、相对独立,缺乏联系与交集,未形成全程育人合力的问题最为突出。20 世纪 90 年代起,党就已开始探索大中小思政课一体化育人,如 1994 年《中共中央关于进一步加强和改进学校德育工作的若干意见》就强调,学生的遵纪守法意识是一个通过教育逐步形成的过程,"整体规划学校的德育体系要遵循青少年学生思想品德形成的规律和社会发展的要求,根据德育工作的总目标,科学地规划各教育阶段的具体内容、实施途径和方法"。[①]

新时代,新形势,新任务,新挑战,思政教育要实现内涵式发展,必须把思政和法治一体化建设作为重点工程,不断推进。具体而言,要从高校教材中法治意识培育的相关内容出发,对法治意识培育的目标、内容、深度和方式做到合理布局、科学分工,以形成思政体系和法治意识培育的有机整体,最终实现在"循序渐进,螺旋上升"的过程中培育学生的法治意识。

---

① 中国共产党中央委员会. 中共中央关于进一步加强和改进学校德育工作的若干意见. 1994 年 8 月 31 日.

2. 育人目标的设计

"基础不牢，地动山摇"，大学是学生迈出家庭、步入学校，开始接受生活与工作挑战的第一个社会化过渡阶段，大学思政教育是学生步入社会的基础，大学思政素养的培育目标为学生将来在生活和工作中的发展奠定了基础，是实现学生更好发展的重要支撑。很多大学生的大学阶段共涉及4个学年，在思政教育中要遵循大学生发展规律，分别针对不同的年级设定了不同的培养目标。比如要从大学一年级开始，重点在于培育学生的规则意识和责任心，逐步渗透规则意识。

笔者分析、整理高校思政课法治意识培育目标后发现，高校思政课法治意识课培育的目标仍可以归纳为知识、能力、情感态度价值观各层次上的不同要求，且各层次较之前都有一定程度的深入与强化。

3. 育人目标的深化与完善

大学是很多人接受系统规范教育的最后一个阶段。经历十几年的学习生活，高等院校的学生身心逐渐成熟，已初步形成了适应社会生活的基础性思维、知识和能力，并且其以感性为主的自我中心思维也逐渐开始向以理性为主的抽象性思维转变。另外，对部分大学学生来说，大学阶段学习后就直接步入社会生产生活。因此，高等院校的学生的主客观需求都对高校思政教育提出了更高的要求，法治素养的培育亦是如此。笔者对高校思政课法治意识培育目标分析后发现，高校思政课法治意识培育的目标在知识、能力各层次上，都有进一步的深入与强化。

高校思政与法治意识培育的重点在于让高等院校的学生了解国家的基本法律知识，做学法守法的大学生。首先，在知识层面，大学在思政教育法治意识培育的目标基础之上，规定学生要知道基本的法律知识，了解法律在个人、国家和社会生活中的基本作用和意义。这不仅扩宽了法治意识培育知识目标的内容广度，从了解未成年人的基本权利和义务到对国家基本法律知识的了解，而且延伸了法治意识培育知识目标的深度，从懂得规则、法律对个人权利和社会公共生活的意义到明白法律对个人、国家和社会有序生活的作用、意义。其次在能力层面，高校思政体系对法治意识培育的目标，从尚无明确或清晰的能力要求向学生应具备的必备能力转向学习运用法律维护自己、他人、国家和社会的合法权益。最后，高校思政课与法治意识的培育并没有在知识与能力层面上明显地深入与强化，而是对一些培育目标进一步延续，强调高等院校的学生要"树立规则意识、法制观念，有责任心"。

4. 关注学生的发展

需要认识到的是，在大学阶段，绝大多数学生不仅拥有充沛的青春活力、创新思维和实践勇气，而且还在学习和生活中练就了深刻的理性思维和适应社会发展的道德品质大学生的思想、知识、实践能力等综合素质得到极大的发展，处于青年初期的大学生越来越注重人生的理想信念、个人的发展目标、社会的生存法则和现实生活的应然价值。高校思政教育是思政教育一体化建设的最后一环，要关注学生所思，回应学生所需，为学生人生成长奠基，为学生下一阶段发展引路。

（1）特别关注学生们的学习和生活

立足学生学习生活，重在感受法律常识是非常重要的一点。高校思政教育中的法治意识培育的内容，无论是课程标准中内容的规划，还是教材中内容的设置，均表现出立足学生学习生活，潜移默化地让学生在学习生活中感受法律常识的强烈倾向。

一方面，高校法治意识培育的内容围绕着学生学习生活所蕴含的宪法常识而展开；另一方面，高校法治意识培育的内容除了围绕国家宪法，还包括国家其他法律以及法治理念的法律常识性内容。从课程标准所规划的法治意识培育内容来看，首先是以公民基本权利和义务为中心的宪法常识培育内容，其中既包括宪法常识的延续与深化，又包含新增加的内容，如对国家领土神圣不可侵犯的认识、对中华民族统一多样的了解等。其次是以学生生活为中心的国家其他法律常识性内容，包括吸毒违法、通信中的法律规范、消费者的合理权益等法律常识性内容。最后是学生要运用法律保护自己的一种初步的法治理念。

另外，从教材设置的内容来看，仍坚持以学生发展和学习生活为中心，具体落实国家所规划的内容，主要表现在以下三个方面：一是将宪法所规定的公民基本权利和义务回归学生学习生活常识，如通过班规的制定、执行以及改进，公共场所行为规范的培育等让学生明白尊重规则、按照规则办事的原则，通过班委会的选举常识给学生埋下行使和尊重选举权的种子。二是让国家法律对公民的保护回归到学生的成长，比如拓展酒驾违法等交通安全法规内容，消费纠纷的避免与解决等消费者权益保护法规内容,"拒绝烟酒毒"等的关于预防犯罪的法规内容。三是让法治意识理念回归到学生运用法律保护自己,如大学生要学会反思校园冲突发生的原因及解决措施,遇到欺负要果断采取措施,要树立守法用法意识,依法维权。

(2) 关注大学生的个人成长

法律意识培育应基于大学生的学习成长,重在普及法律知识。大学阶段是学生身心发展的重要时期,高校思政课要更加关注高等院校的学生自我、独立和理性的意识,更加关心大学生对社会关系的处理、适应及成长,更加注重大学生正确"三观"的形成。笔者对高校思政教材中关于法治意识培育内容进行分析后发现,高校思政课法治意识培育内容的重点是基于学生的学习成长,普及国家宪法以及其他法律、中国特色社会主义法治理念的知识。

第一,高校思政教育进一步扩宽和深化了宪法以及国家其他法律的内容。从高校思政课课程标准对法治意识培育内容的规划看,高校思政教育已经不满足让学生感受宪法及国家其他法律的常识,而是横向扩宽、纵向深化,强调学生要知道国家基本的法律知识,如宪法内容的规划上新增了我国基本经济制度、根本政治制度的具体内容,消费者合法权益从如何避免欺诈的常识到行使法律赋予的"后悔权"维护正当权益等。与此同时,教材中法治意识培育内容的知识性和理论性也更强,在很大程度上凸显了国家宪法及其他法律内容的知识性、理论性。

第二,高校思政教育相对全面地普及了社会主义法治理念。当前高校思政教育中法治意识培育的内容不仅仅体现在知识性上的凸显,而且体现在首次相对全面而又完整地让高校大学生加强对法的认识,即法治理念。高校思政课课程标准规划的内容中就明确指出,要让学生知道法律的内涵、宪法是根本大法、权利与义务的统一、违法与犯罪及其区别、法律监督与制约机制、法律面前人人平等、守法用法、弘扬法治精神等。思政课教材也全面增加了对法治理念相关内容,提升了高校教材水平。

(3) 思考如何促使学生立德成才

着眼高校大学生立德成才,重在强化法治价值。高校思政课课程结构,相较于之前的中学教育来说更为复杂,除了必修课程,还设有选择性必修和选修课程,其中"必修课程是培育全体学生学科核心素养的基本载体"。高校法治意识培育的主体是全体学生,因此,高校思政课法治意识培育应着眼于高校思政课必修课程。笔者对高校思政课课程标准和必修课教材中关于法治意识培育的内容进行分析后发现,高校思政课法治意识培育内容主要着眼于高校生立德成才,以国家宪法和法治理念为载体,强化中国特色社会主义法治的价值。

第一,把握宪法的价值和意义,坚定政治立场。一些高校对必修课程所规划的法治意识培育内容集中于国家宪法中的基本经济制度、基本政治制度、公民的基本权利和义务这几个方面。与中学不同的是,高校思政教育中的法治意识培育内容,不只局限于法律的实然性知识,更加强调法律的应然性价值和意义,如宪法规定了"中华人民共和国公民有依照法律纳税的义务",高校思政教育已不满足学生知道宪法所规定的具体内容,更是从经济理论层面揭示公民纳税的原因、价值、意义,使学生在理解纳税的价值与意义的基础上,自觉做到依法纳税。纵观高校思政教育中法治意识培育的内容,我们可以看到,其目的是让学生在理解国家根本大法对国家基本经济制度、基本政治政治制度、公民基本权利与义务规范的应然性价值的基础上,自觉认同中国特色社会主义,坚定政治立场。

第二,建设社会主义法治国家,强化法治思维。作为先进的国家治理方式,法治是现代和未来社会秩序的基本形态。党的十九届四中全会强调"建设中国特色社会主义法治体系、建设社会主义法治国家是坚持和发展中国特色社会主义的内在要求"①。高校阶段是学生思维逐渐走向成熟的关键时期,高校思政教育理应进一步强化高等院校的学生适应现代和未来社会的法治思维。高校思政教育也强调,高校学生要明确依法治国的总目标、基本要求及重要意义。高校思政课也在教材中设置了具体的相关内容。另外,与中学相比,高校思政教育中法治意识培育内容另外一个不同地方在于,注重将法治内化为学生的基本思维方式,并强调在法治思维的指引下有序参与国家经济、政治、文化等方方面面的公共社会生活。

由此可见,高校思政教育基本围绕宪法和国家其他法律、法治理念这三个核心主题展开,法治意识一体化培育的内容在整体上还是呈现较好的状态。但仔细考察法治意识培育内容在不同学段的分布、比重等,可以发现,当前思政与法治内容的渗透在内容布局上,还存在着不合理的地方。

---

① 2019年10月. 中国共产党第十九届中央委员会第四次全体会议.

因此，要想建设好高校思政育人体系，广大相关工作者还需要继续在今后的工作中不断努力。

5. 思政教育中法治内容的丰富

"风华正茂，书生意气"，大学阶段是青年时期的重要阶段，是成长与发展的关键性的阶段。思政与法治意识培育的内容是实现大学生更好发展的最直接、最值得信赖的依靠，它不仅具体化了思政与法治意识培育的目标，而且是决定思政与法治意识培育方法的重要依据。在大学思政与法治结合的进程中，内容更是"实现一体化建设的核心要素"。所以，要想提升思政体系的有效性，离不开对大学思政体系中法治意识培育内容的分析。

首先，思政教材中存在着大量的关于法治意识培育的内容文本。法治意识作为现实社会生活的必备素质与能力，是高校思政教育的核心素养之一和重要的课程目标，并采用学生拥有法治意识"应能够……"的形式表述高校思政与法治意识的培育目标内容。

那么如何才能科学而有效地对这些规范文本进行分析呢？我们可以利用主题式分析方法（The matic Analysis），其作为质性资料分析方法之一，是用于识别、分析和报告数据中的模式（主题）的方法，合理运用主题式分析方法可以帮助我们分析和研究高校思政教材文本中的法治意识培育内容。主题式分析方法的一般步骤是：首先多次阅读分析文本，然后根据具体文本的不同句意形成不同的潜在主题，最后对每个潜在主题进行检查回顾、比较分析、凝练共现部分，形成分析文本的关键主题。

6. "互联网+"下法治素养的培育

需要注意到的是，"互联网+"使高校思想政治教育的环境变得更加复杂。在规范大学生网络行为的过程中，道德和法律应该相辅相成、共同作用。

第一，高校应该充分利用资源优势进行校园法制宣传，培养大学生的法律意识，引导其合理合法使用网络工具，正确利用网络平台表达诉求，不得触碰法律的底线。高校还应该引导大学生增强网络安全意识，提高学生运用法律保护自己、抵制网络侵害的能力。同时，要从制度规范层面健全校规校纪，尽快弥补制度缺失，完善对大学生网上行为的现实约束管理制度。抓紧制定"网络使用规范管理办法""大学生网络道德规范""大学生文明用网倡议书"等。

第二，大学生必须做到学法、懂法、守法、用法。首先要认真学习网络法律知识，自觉遵守网络相关法律及管理条例，增强法律意识，树立正确的网络思维。其次，在网上要以法律为准绳严格要求自己的行为，任何时候紧绷法律之弦，不能越过法律红线。不得借助网络参与危害国家主权、安全和利益的活动，不得参与极端宗教活动。

第三，发挥政府的保障作用。首先，政府要依法治网，健全法律法规，加强对网络的管理。建立一支政治素质过硬的网络警察队伍，坚决打击网络违法行为。从源头上清理各污染网络环境的信息，杜绝其蔓延和传播。其次，政府要充分发挥其职能作用，联合社会各界努力维护良好的网络公共秩序，建设安全健康的网络环境。要积极在网上宣传正能量，疏导社会负能量；要主动用社会主义意识形态占领网络阵地，运用马克思主义科学的世界观和方法论及时回应大学生的诉求，解答大学生的困惑；还要加强对网络媒体平台的管理，对于危害大学生健康成长的黄赌毒等内容要坚决让其从网上消失，最大限度地净化网络空气。

二、"红色文化"与高校思政教育的一体化

党的十八大以来，习近平总书记反复强调要把红色资源利用好、把红色传统发扬好、把红色基因传承好。红色文化作为中华文化中的优质元素，以其自身的优越性记录了中华民族前赴后继的抗争史、波澜壮阔的革命史、艰苦卓绝的奋斗史、感天动地的英雄史，继承发扬了党的光荣革命传统与优良作风，涵盖了对学生的政治素养、理想信念、爱国情感等多方面的教育内容。

红色资源以自身深厚的人文功能彰显了其特殊的教育价值，是落实立德树人根本任务的重要支撑，是对学生进行家国情怀教育的鲜活课本。在当前思想政治教育体系中，红色资源没有得到充分运用，其教育价值没有被充分彰显出来。思想政治教育承担着促进学生全面发展的重要任务，在新课程改革的推动下，统筹推进思想政治教育体系建设已经达成共识。

2021年迎来建党一百周年，在中国共产党的领导下，中国将在21世纪中叶实现国家现代化与民族复兴的伟业，青年大学生必须肩负起时代的

责任与担当。红色文化资源作为一种优质文化资源，为新时代高校思政课实践教学提供了最为优质的资料与素材，近年来在协同育人、"大思政"等相关政策理论指导下，红色文化与思政课实践教学的融合迎来重要发展机遇。新时代高校思政教育改革背景下，基于育人的理论视角，各高校正积极探索如何利用红色文化资源打造多样化的思政课实践教学模式。

本书从介绍高校思政实践教学与红色文化传播的现状出发，分析研判了二者融合的可行性与具体路径，具有一定的实践性、探索性、创新性，在今后的思政教学中将继续与时俱进、创新完善，为相关领域的研究提供更多具有建设性和可操作性的建议。

（一）"红色文化"的内涵

文化是一个国家繁荣发展的灵魂和血脉。而红色原本只是一种自然颜色，自从中国共产党诞生之后，红色便被赋予了独特的内涵。红色具有共产主义的性质，具有全心全意为人民服务的本质，与中国共产党密不可分。

从狭义上来划分，红色文化就是革命文化，是指形成于革命战争年代，由中国共产党人在长期革命斗争中创造出来的丰功伟绩和历史遗存以及涌现出来的英雄人物、革命事迹和崇高精神。本书主要从狭义的角度来进行论述。在新民主主义革命时期，中国共产党带领中国人民通过几十年自强不息的艰辛探索和伟大斗争，实现了民族的独立和人民的解放，建立了中华人民共和国。近代以来中国革命的实践雄辩地证明：以马克思主义理论为指导的中国共产党以及在此过程中形成的马克思主义中国化理论——毛泽东思想是取得新民主主义革命胜利的强大指导力量，在此期间凝聚起来的革命英雄主义精神和革命遗存、革命文化是我们取得胜利的强大精神动力。中国的革命是红色的，中国的革命文化就是红色文化。从实践上来看，红色文化来源于中国共产党领导人民群众在新民主主义革命时期进行的伟大斗争和伟大创造。

此外，红色文化的来源之一就是中国历史悠久的传统文化。传统文化是维系社会伦理道德的重要纽带，是支撑中国人民艰苦奋斗的精神支柱。而红色文化是中国人民在挽救民族危亡探索国家出路时形成的民族文化。早期的中国共产党人大多接受过良好的传统文化教育，比如毛泽东、周恩来、邓小平、方志敏和瞿秋白等等，他们在中国共产党内部起到了重要的文化引领作用。中国传统文化内涵丰富，比如"孝悌忠信礼义廉耻""热爱和平""爱国爱家""团结互助""严于律己，宽以待人""勤劳勇敢""自强不息，厚德载物""天人合一"等等优秀传统文化成为红色文化的重要来源。

社会存在决定社会意识。中国共产党领导人民群众进行的新民主主义革命实践决定了与之相适应的红色文化。中国共产党带领人民群众参与的新民主主义革命是红色文化的实践来源。新民主主义革命时期大体经历了中国共产党的创立、大革命、土地革命、抗日战争以及解放战争这几个阶段。大革命时期，中国共产党与国民党合作，为取得资产阶级革命的最终胜利，发动对北洋军阀的北伐战争（史称大革命时期或第一次国内革命战争时期），在即将取得胜利的时候，国民党右派叛变了革命；土地革命时期，为了反对国民党右派对大革命的叛变，中国共产党组织武装起义，夺取政权，发动了针对大地主和官僚资产阶级政权的革命战争；抗日战争时期，中国共产党与国民党进行了第二次合作，开展抗击日本侵略的抗日战争，最终取得抗战的胜利；解放战争时期，为反对国民党反动派的独裁统治，抗击国民党反动派发动的内战，中国共产党进行了推翻国民党反动政权的解放战争。经过以上四个阶段的革命斗争，中国共产党带领中国人民走过了28年的奋斗历程，终于取得了新民主主义革命的胜利，于1949年建立了中华人民共和国。

在这样的过程中，中国共产党的先进知识分子把中华民族的优秀传统文化和高尚情操融入了自己的理想信念，在革命斗争中展现出了中国传统文化中的视死如归、不屈不挠和奋发图强的民族气魄和崇高精神。中国共产党人所展现出的不怕艰难困苦、不怕流血牺牲、坚韧不拔、勇往直前、英勇顽强的革命英雄主义气概和坚定的革命意志是红色文化的重要实践来源；中国共产党人在这一时期所展示出的崇高的革命理想信念、高度自觉的革命纪律、全心全意为人民服务的根本宗旨是红色文化的重要实践来源。

一代又一代中国共产党人的接力奋斗，沿着马克思主义指引的方向，坚定共产主义的最高理想，发扬了自强不息、忠心爱国、克己奉公的伟大民族精神。这些精神为中华文化提供了重要内容，在新民主主义革命时期融进广大劳动人民的思想意识,并逐渐形成为一种信仰信念,成为中国人民在民族危亡和改革建设时期的共同行为准则。马克思主义及其中国化理论是红色文化的思想来源和理论基石。马克思主义深刻揭示了人类社会发展的客观规律,它在中国的广泛传播,为中国共产党和广大先进知识分子解决中国问题提供了科学的世界观和方法论。此后,在马克思主义中国化理论——毛泽东思想的指导下,广大劳动人民积极参与,最终形成了民族的、科学的、大众的反帝国主义反封建主义反官僚主义的革命文化。

因此,在中国软实力中,红色革命文化是其中极其重要的部分,属于主流文化,因此可以以大众文化的形式进行传播和发展。红色革命文化既包括长征的介绍和长征精神的总结,也包括了抗战时期的概况以及抗战胜利的呐喊。当前,高校思政育人体系建设的过程中可以利用的红色文化资源是非常多的,主要包括物质文化方面和精神文化方面。物质形态主要表现为中共在各个历史时期留存或建造的实体,精神形态主要表现为不同时期形成的各种红色精神。

具体来说,物质文化方面包括革命遗迹遗址(图3-2-1)、革命遗物文物、革命文献和纪念场馆等。红色遗迹遗址是指在新民主主义革命时期中国共产党战斗和生活过的地方,主要有各类不同的建筑或场所,包括住所宅第、坪台场地、红军学校、红军医院、军事设施,等等。革命遗物文物是指与历史事件和重要人物有关的各种用品用具,包括办公用品、证件徽章、衣服被子、家庭用品、耕作农具、通信器材、武器装备,等等。革命文献是指记录革命历史进程和人物活动的书面文字材料以及影像资料等。纪念场馆是指为纪念革命战争年代的英烈和重大事件而建的各类建筑场地,包括博物馆、烈士陵园等。

图3-2-1 革命遗迹遗址

精神文化方面主要是指中国共产党带领人民群众在新民主主义革命时期所形成的意识形态的总和，可以分为思想观念、信仰信念、理论观点、道德伦理、精神品格、情感情操等方面，具体内容包含政治理论、文学艺术作品和歌曲戏剧等等，反映了中国共产党的伟大历史进程和带领人民群众所创造的丰功伟绩。

红色文化具有自身的特色功能。2017 年中共中央办公厅、国务院办公厅颁布的《关于实施中华优秀传统文化传承发展工程的意见》指出："实施中华优秀传统文化传承发展工程，建设社会主义文化强国，增强国家文化软实力。"[①] 新时代背景下强调"中国革命历史是最好的营养剂""大力发扬红色传统、传承红色基因，赓续共产党人精神血脉，始终保持革命者的大无畏奋斗精神，鼓起迈进新征程、奋进新时代的精气神"。注重保护、开发、利用红色文化资源，具有促进地方经济发展、营造良好社会氛围、扩大教育宣传效益、实现物质精神双赢等特色功能，红色文化是当代中国人的精神命脉，是实现国家繁荣、民族复兴的不懈动力和精神源泉。

近年来，红色文化资源的保护与开发在取得令人欣喜的进步与发展的同时，由于主客观条件限制，整体仍未进入成熟阶段，主要存在四方面问题：红色文化底蕴未能有效发掘、红色文化资源形象不够鲜明、红色文化资源开发形式单一、红色文化产品推广力度不够。今后，红色文化需要在高水平的内涵提炼与理论解析、精确定位形象特征与脉络走向、保护与开发并举的思想指导下扎实开展整理工作、精心策划设计文化产品等方面下功夫。

（二）"红色文化"的主要特征

红色文化是一种极具中国特色的先进文化，主要是指革命战争年代，中国共产党人、人民群众和一切先进分子在中国共产党的领导下，创造的一种物质文化、精神文化和制度文化相统一的文化。高校人才培养目标必须围绕思想政治教育方向来开展，而红色文化是高校开展思想政治教育的重要载体和内容，因此加强高校大学生红色文化教育显得尤为重要。红色文化在高校教育教学改革中发挥重要作用，有助于优化人才培养的目标，

---

① 中共中央办公厅、国务院办公厅. 关于实施中华优秀传统文化传承发展工程的意见. 2017 年

实现学生的全面发展。

红色文化作为中国共产党在革命、建设与改革中创造的实践产物，具有自身的特征和特性。

1. 民族性

"红色文化"是中国人民在长期革命、建设和改革过程中创造的宝贵精神财富，饱含深厚的红色基因，展现了在中国共产党带领中国人民坚持不懈、艰苦奋斗的精神追求，具有独特而鲜明的思想价值。"红色文化"记录着中国共产党成立以来中国社会的发展历程，诠释了中国共产党勇往直前、不畏艰险的精神品格，表达着中国共产党对困境的无畏、对信念的坚守、对事业的无私奉献的思想内涵，蕴含着鲜明的政治立场、坚定的理想信念，是中国共产党伟人理想和卓越实践的集中体现，有着巨大的思想价值和鲜明的意识形态性，能够对高校大学生价值观的形成起到重要的引导作用，具有深刻的思想性。

"红色文化"蕴含着深厚的文化底蕴与历史精神价值，其呈现出的忠于党、忠于人民、坚持真理、一往无前等精神，与高校大学生思想政治教育的培养目标在内涵上具有一致性，能够为高校大学生提供正确的思想引导，其深刻的思想性发挥着价值引领的作用。值得注意的是，在中国共产党的不断发展壮大中，形成的一系列党史文献、马克思主义中国化的最新理论成果等"红色文化"更是极具思想性，体现了中国共产党人对社会主义建设规律的认识。发挥"红色文化"的思想性主要特征，更加有助于引导高校大学生坚持真理、坚定信念、坚守初心，能够进一步从理性、情感、感官等多方面增强高校大学生的爱国主义信念，坚定高校大学生的思想信仰。

2. 时代性

红色文化具有鲜明的时代性特征，红色文化是时代的产物，红色文化的孕育、形成、丰富和发展都始终与历史进程相一致，是在历史发展过程中逐步积累和形成的。因此红色文化体现着各自特殊的时代特征和时代价值。

3. 艺术性

艺术性是指一种在形式、结构、表现技巧的完美的程度，可以透过艺术作品反映生活,表达思想感情,展现艺术作品生命力。我们所接触的"红色文化"最广泛的体裁是红色文学作品、红色戏剧电影、红色音乐作品等,因而"红色文化"具备文艺作品自身独有的艺术魅力与吸引力。例如,"红色文化"小说的代表作《红岩》,其塑造的许云峰、江姐、齐晓轩等一大批革命知识分子的光辉形象,都是血肉丰满、感人至深的艺术典型,其视死如归、宁折不弯的崇高精神品质,弘扬了革命者高风亮节的牺牲精神,以及为革命奋不顾身的坚强意志和大无畏精神,都能够有助于升华高校大学生的精神品质。尤其是小说中的江姐就是著名革命女烈士江竹筠,有现实的原型,更能让高校大学生产生思想和情感上共鸣,切身领会中国共产党人革命的艰辛与不易,这种来源于真实生活的"红色文化"作品,能够让高校大学生更真切地了解历史,学习革命先烈的伟大精神。文学、影视、绘画等艺术作品含有深刻的时代印记,是"红色文化"文艺作品的代表形式,以其特有的艺术感染力让高校大学生在阅读、感悟的过程中,走进经典作品反映的那个特定时代,感受中国共产党人的崇高信仰和精神品质,增强高校大学生思想政治教育的艺术魅力。

"红色文化"内涵的其他形式,党史文献、中国主要领导人的理论著作、红色场馆、红色遗址等,也都有自身独特的艺术性。例如,杨家岭革命旧址中毛泽东、朱德的窑洞的位置体现了二人在党内的核心地位,彰显出平面布局艺术所表达的纪念性和象征性。参观者通过观察红色革命遗址的建筑艺术风格,了解当时的组织结构与意识形态,进而从审美体验的角度体会其历史价值和文化内涵。"红色文化"以不同形式展现出的艺术性与其蕴含的深刻的思想内涵完美融合,使高校大学生既能提升艺术的审美感又能受到理念教育、爱国精神教育。

4. 超越性

红色文化既是民族文化的传承,也是时代精神和传统精神的融合体现。当今时代是一个飞速发展的时代,既要不断深挖和传承红色资源红色基因,又要彰显各个地方红色文化的特色,在文化内容、传播渠道和传播形式等方面不断与时俱进。

超越性体现在"红色文化"具有跨时代接受的品质,可以超越时间和空间,被反复传播、阅读、欣赏、感悟。"红色文化"再现了中国革命、建设和改革的波澜壮阔、艰苦奋斗的历史画卷,虽然随着时代的发展其精神和内涵在不断丰富，但事实上是其红色精神的内核从未改变，中国共产党的初心和使命始终贯穿其中。

"红色文化"是特定时代的精神丰碑，它表明在民族生死攸关的决定性时刻，党领导着广大人民群众为谋求民族的独立和人民的解放而英勇奋斗的伟大精神品质。

尽管革命和战已远离我们，但事实上革命和战争中的红色之火却在代代相传，永不熄灭。"红色文化"可以培养高校大学生的革命精神、理想信念，"红色文化"的精神品质可以超越时空，教育高校大学生巩固革命理想信念，弘扬爱国主义精神，践行社会主义核心价值观。"红色文化"的超越性是"红色文化"作为高校大学生思想政治教育创新发展的重要教育资源的佐证。

"红色文化"是红色资源的重要形式，蕴含着丰富的红色基因，承载着永恒的红色精神，是不以时间和空间为转移的，可以超越任何时间和空间展现出其独特的精神价值，对促进高校大学生思想政治教育实效性的提高具有重要作用。

5. 科学先进性

红色文化具有科学性，是广大人民群众在中国共产党领导下的革命斗争中艰苦奋斗出来的先进主流文化，同时在群众中得以延续与不断发展。因此红色文化是反映一切客观真理、理论与实践相统一的历史实践，具有鲜明的寻求真理、实事求是的科学精神。

"红色文化"作为无产阶级的先进政治文化，集中体现了中国共产党的先进性。"红色文化"包含了中国共产党的理想、宗旨、路线、纲领、方针、政策，体现了中国共产党人的初心和使命。"红色文化"是在党领导中国人民不断发展的伟大实践中不断丰富和完善的，饱含着中国的发展方向。"红色文化"的先进性体现在它与时俱进的产生过程，它也是我们党在不断奋斗发展过程中形成的优良传统和革命精神，"红色文化"是宝贵的、丰富的思想财富和政治资源。"红色文化"是中国共产党领导人民植根于不同历史时期的社会实践，充分体现了中国社会历史进程的普遍规律和发展方向，并不断地在实践中丰富、发展和创新。

"红色文化"作为一种特殊的文化资源，它并没有随着时代的发展而消失，而是不断地被欣赏、被传播，这也从一个侧面说明了"红色文化"

的先进性。"红色文化"已经通过了历史和时代的考验,并没有随着时间的流逝而过时,也没有随着岁月的流逝而消失,它始终保持着与时俱新的先进性。"红色文化"所倡导的革命精神与爱国主义情怀,能够与民族精神和时代精神相吻合,能够在建设社会主义现代强国和实现中华民族的伟大复兴中,产生着鼓舞人心的巨大力量。"红色文化"的先进性既可以满足高校大学生日益增长的精神文化的需求,又能够利用其蕴含的共产主义的远大理想来指导高校大学生成长成才,在高校大学生思想政治教育中融入"红色文化"这一思想政治教育资源,更能促使高校大学生树立高尚的道德情操和坚定的政治意志。

(三)"红色文化"与思政教育的一体化建设的价值可行性

第一,政治引导价值。作为先进文化重要组成部分的红色文化可以很好地增强大学生对党的政治认同、加深大学生的爱国主义情怀与民族自豪感、提升大学生的马克思主义理论水平。通过思政课实践教学,大学生在各种红色文化活动中了解当地革命与建设历史,感受共产党员的先锋模范作用与党组织的战斗堡垒作用,深刻领会中国共产党是中国先进文化的创造者、引领者、代表者,增强他们对党的政治认同与思想认同。

第二,引领教化价值。红色文化资源助力高校开展以理想信念为核心的思政课实践教学,有助于大学生树立正确的三观,培养大学生的思想道德素养以及发挥大学生思政教育的实效性。红色文化普遍具有坚守理想信念、不畏流血牺牲、百折不挠奋斗的特质,通过实践将这些精神品格用合适的方式灌输给大学生,对营造积极向上、风清气正校园的环境氛围大有裨益。

第三,文化传承价值。将红色文化资源融入思政课实践教学具有重要的文化传承功能,可推动红色精神在不同代际间的传承,增进大学生对红色历史的了解,增强大学生的民族自豪感。高校以实践教学为契机,大力宣传弘扬地方红色文化,大学生怀着崇敬的心情去瞻仰红色旧址、寻访红色遗迹、领悟红色精神,在潜移默化中加强对红色文化的了解和民族自豪感,等他们走出校园必定会将这些历史故事和红色精神传播至更广泛的区域。

(四)"红色文化"与思政教育的一体化建设的要求

红色文化在中华优秀传统文化中一直占据重要地位,是从中国共产党诞生起,历经不同时期的重大历史进程,在百年的革命与建设实践中不断积累、提炼、总结形成的各种文化精神的总和,内涵丰富、包罗万象。对红色资源在思想政治教育育人体系中的运用,要提出差异性与衔接性要求,现做如下分析说明。

1. 注重差异性

思想政治教育作为一个跨学段、全周期的有机整体,横跨了对学生进行教育教学的全过程。由表及里、由浅入深地开设思想政治教育课程,就要紧密贴合学生的年龄特征、认知规律、学习生活、思想实际,采用学生能够理解、接受的教学方法循序渐进地讲授思想政治教育课的教学内容。林崇德教授在《发展心理学》一书中对青少年及成年早期个体的思维、身心与认知发展特点做了重要论述。林教授指出:"成年早期,高等学校学生个体身心发展趋于稳定成熟,自我意识得到迅速发展。"[①] 这一时期,高等学校学生无论是身心发展还是智力发展都到达了人生的顶峰阶段,他们逐步接触更多的社会活动,开始思考自身作为一个完整的社会成员应承担的责任和义务,逐步适应、融入现有的社会生活。

要以思想政治教育全过程为着力点,精准把握各学段的定位,循序渐进地开设思想政治教育课程。大中小学的学生分别处于人生的不同阶段,学生的思维发展、心理活动与理解力存在很大差异。正是由于各学段的学生认知发展存在一定的差异,对学生进行家国情怀教育更要遵循学生的认知发展规律,加强各学段之间的衔接。对学生进行家国情怀教育,既要符合不同学段的认知发展规律,又要考虑到国家对学生社会化的总体要求。体系化建设是思想政治教育内部的一项统筹建设,需要用系统的思维来看待。大中小学不同学段的学生认知发展和思维水平不同,各学段思想政治教育课课程标准与具体教学目标不同,各学段的思想政治教育课在教育教学方面表现出自身的相对独立性及特殊性。思想政治教育体系化建设涵盖了大中小学不同学段,融合了各学段的特殊性,这说明大中小学思想政治

---

① 林崇德. 发展心理学\、[M]. 人民教育出版社. 2018.

教育课一体化建立在各学段差异性的基础上。

这样的背景下，将红色资源充分运用到各学段的思想政治教育课中就要承认差异、尊重差异。差异性强调的是在不同学段思想政治教育课运用红色资源的差别。在坚持一体化大方向的前提下，根据不同学段学生的心理认知和需求，因材施教、"区分对待"，采用多样化、具有层次性的路径进行教育教学。一体化背景下充分运用红色资源首先要考虑教育教学规律与学生的认知发展规律，有的放矢地统筹好各学段学生与不同学段教育教学规律之间的关系。各学段的学生思维发展水平不同、能力水平各异，就要尊重差异，合理设置由简单到复杂、由单一到综合、由封闭到开放、由感性到理性的红色资源，制定各学段独特的教学内容，使红色资源的运用与学生的实际相联系，赋予教学内容新的内涵。在大中小学段开设思想政治教育课，要旗帜鲜明地体现各学段的特点或定位，根据不同学段学生的思维发展水平，有针对性地运用红色资源进行课程内容的架构。掌握各学段的特性，层次分明创新教学模式，为不同学段的学生创造一个由浅入深的红色资源教学情境，注重低学段学生的情感启蒙、中学段学生的思想聚焦和高学段学生的价值践行。

2. 注意衔接性

体系化建设背景下红色资源在思想政治教育课中运用受到多方面的阻碍。一方面，从现实来看，思想政治教育中高等院校教师分布在不同学段，不同学段的教学内容与教学机制存在不同程度的差异。由于时间和空间上的限制，跨学段间交流较少，致使思想政治教育中高等院校教师对其他学段缺乏了解。在对红色资源进行选择、编排时，这可能导致各学段思想政治教育出现红色资源重复运用、教学方法不当等问题，也在一定程度上影响了思想政治教育实效。另一方面，教材是对学生进行教育教学的重要载体，在当前教材短期无法改编的情况下，高等院校教师融入其他课程资源进行合理编排十分重要。有些教材内容是合理重复，帮助学生加深认识。有些则重复过多，学生反映已经学过，在很大程度上影响学生的学习效能。各学段教材内容存在简单重复与倒挂现象，内容建构缺乏一定的递进性，无法鲜明展现各学段的特点。以上情况并不利于思想政治教育课育人目标的实现和人才的系统培养，针对以上存在的问题，体系化建设背景对红色资源的运用提出了衔接性要求。

衔接性强调的是充分运用红色资源使各学段在教学内容、教学方法上自然过渡和有效对接，循序渐进、螺旋上升地开展思想政治教育课，促进各学段思想政治教育课有机联系，形成系统，产生合力。为促进红色资源在各学段的有效衔接运用，须充分考虑各学段教学目标的层次性。大中小学各学段学生体现出各自的身心发展与认知规律，相应的思想政治教育课教育教学也应呈现出由低到高的上升趋势，红色资源在教学内容中的运用也应呈现出由浅入深的衔接性。体系化建设背景下，将形式多样的红色资源充分运用到不同学段的思政教学中，就要从教学内容与教学方式的区别中入手进行有效对接。对比分析各学段中可以运用红色资源的教学内容，校对前后学段的教学主线是否一致，审清查明其前后学段知识点的区别和联系，合理运用红色资源使教学内容进行有效衔接。这种纵向衔接既包括大中小学前后学段间双向衔接、双向互动，也包括高等教育与基础教育的多向互动，从而将红色资源贯通整个思想政治教育课程，拓展思想政治教育课的育人空间。学生学情是一个动态的发展变化过程，所采用的教学方法既要紧承前段进行拓展，又要为后面学段打牢基础，避免"一刀切"。要根据学生的生活实际和思想实际调整教学方法以取得最优化的效果，使所运用的红色资源既符合学生的可接受程度，又避免教学方法跨度过大带来不利影响。

关于红色资源在大学思想政治教育中的运用，大多数学者普遍从创新育人方式、融入校园文化建设以及发挥思想政治教育课高等院校教师的关键带头作用等多个角度进行了探讨。多数研究形成了较为一致的观点，都指明了课堂教学的重要教育地位以及社会实践课堂的辅助作用，并强调要围绕学生这个中心展开。

（五）"红色文化"与思政教育的一体化建设的意义

新时代背景下，教育工作者需对我国现代化发展进程中建构的"大思政"格局具有深刻的认识，从中获得思想政治教育新思路。根据时代发展的趋势，以及大学生的思想疑难问题，做好知识教育、文化教育、思想教育工作。新时期，思想政治教师应将红色文化与思想政治教育进行深度融合，将红色基因渗透进大学生的大脑，扎根于学生心中。将我国优秀的文化形态与先进的思想理论进行融合，引导高校大学生形成深厚的历史文化底蕴，令他们更加热爱祖国和忠于信仰。思想政治教师需使学生领会革命精神的价值意蕴，使他们形成远大理想和坚定的信仰，为他们的努力奋斗指明方向。在高校思政课堂上，思想政治教师可以以延安精神、苏区精神等知识为切入点，对既定的课程内容进行丰富与扩充；可以将红色文化与思政理论课进行有效结合，面向大学生开展持续和开放的理想教育、爱国教育、文化教育。思想政治教师针对高校思想政治教育实效性建设进行具体操作与实践的过程中，应有效地传承红色文化基因，以此使学生能延续革命先辈的爱国意志和无私奉献的精神，使其对和平时代的"英雄"进行现代化的解读和定义；利用更具现实性和实效性的思想政治教育，培育出可助力国家经济、政治、文化等领域持续健康发展的"英雄"。

1. 有利于了解红色历史

红色文化是我们了解红色征程的工具，我们理应利用好红色文化，使其服务于思政宣导。在追寻党的红色足迹、回顾党的光辉历程中总结历史经验，把握历史的红色脉络。红色文化也被认为是党史学习的生动教材，应将红色主题教育与党史学习、思政实践结合起来，让学生借助红色文化了解革命历史、感悟红色征程，点燃他们的爱国热情，培养他们的民族自尊心和民族自豪感。

2. 有利于抵制错误思潮

当今社会飞速发展，各种文化和思想鱼龙混杂，高校大学生走在接触新事物和接收新信息的前沿，他们的精神世界不可避免地会受到裹挟，一些错误的社会思潮也夹杂其中，如历史虚无主义和文化保守主义。虽然这二者看似不同，但事实上其本质都是对马克思主义以及中国共产党领导作用的消解与否认，不利于高校大学生坚定马克思主义理想信念。"红色文化"是我们在革命与探索道路中形成的优秀文化，学习"红色文化"能够以史为鉴，资政育人，增强高校大学生的政治认同，提高明辨是非的判断力。

3. 有助于培育社会主义核心价值观

"红色文化"和它有相似的追求，那就是要实现中华民族的伟大复兴。除此之外，二者还有一个共同点，都是以马克思主义和中华优秀传统文化为思想基础的，这就使它们有了共同的思想基石。将革命人物和故事作为教育资源进行生动直观的展示讲解，可以让学生感受"红色文化"中蕴含的强大精神力量，能够促使高校大学生对个人、社会以及国家不同层面的价值观追求进行更深层次的思考，涵育高校大学生社会主义核心价值观。

4. 有利于树立文化自信

习近平总书记多次强调我们要增强文化自信，这不仅需要继承和弘扬中华优秀传统文化，此外，实现更加坚实的"红色文化"自信也是必不可少的。"红色文化"中蕴含的理想信念和丰富的革命精神，在我们艰难前行的革命道路上为我们指引了正确的方向，为中国特色社会主义文化建设增添不竭动力。将"红色文化"融入高校大学生思想政治教育，能够引导高校大学生了解中国共产党和中国人民在革命征途中的艰苦奋斗历程，体会其中的价值意蕴，坚定文化自信。

5. 有利于坚定学生的理想信念

红色文化具有丰富的文化内涵，是社会主义文化建设体系中不可或缺的一部分。借助红色文化，我们可以了解革命先烈的光荣历史，可以获得精神信仰方面的启迪和感染。借助红色文化，我们可以了解中国共产党的成长和发展历程，将政治认同、革命认知、价值诉求、文化素材等结合起来，给人精神上的教育引导。

（六）"红色文化"与思政教育的一体化建设的路径

"红色文化"见证了我国革命解放与建设的光荣历程，具有先进性与科学性，是我国先进文化的重要组成部分，其中蕴含着的价值取向、理想信念等都是高校大学生思想政治教育中不可或缺的内容，是历史的馈赠。

1. 发挥高校"红色文化"教育主阵地作用

大学是人生的一个关键期，在这方阵地中受教育者将完成从"学校人"向"社会人"的过渡，高校大学生在他们的成长中思想观念会发生巨大的变化。高校要加强"红色文化"教育，引导他们了解国家革命与建设的历程，提升民族认同感，坚定理想信念，更好地完成"学校人"向"社会人"的过渡。

（1）把握前进方向，紧跟党的脚步

高校要始终坚持党的领导，确保党的方针政策在高校做到畅通无阻，保证高校能够在纷繁复杂的国际局势与竞相迸发的各种思潮下健康发育。将高校建设成"红色文化"教育的主阵地，认真贯彻党中央的指导，确保学校运行的大方向正确；高校辅导员应提升自身的党性及政治素养，组织好引领好学生的学习、生活、情感上的发展，做到春风化雨；设置好评价反馈机制，学校通过这一机制及时接收学生对高校中"红色文化"教育的师资队伍、活动形式等各方面的评价与反馈。

（2）创新教学方法，充分调动课堂氛围

"红色文化"进入课堂教学是思想政治教育的主要途径，是高校大学生"获得历史知识、继承中华民族优良传统、树立民族自信心和自豪感、培养爱国情感的主要渠道和来源"。

首先在专业课堂上，教师要发挥好主观能动性，在讲授专业知识的同时传递人文情怀，需要教师在备课时主动寻找与专业相关的"红色文化"资源或者是该专业的学科发展史等，在课堂讲授中将其糅合进去，提升学生的审美与审善的能力。值得注意的是教师需要进行换位思考，从学生感兴趣的角度出发，做到锦上添花。其次是改进政教理论课，即"两课"。教师要进行教学方式的创新，摒弃单向灌输模式教学，突出学生的主体地位，让学生围绕课题自己搜集、讨论"红色文化"相关内容，教师起一个牵引作用即可。此外，教师在课堂上要多借助多媒体，使用图片、视频等形式，以便使课堂的教学内容更加形象地呈现给学生。

（3）润物细无声，营造红色校园文化

"红色资源是本土高校建设红色校园文化的最主要的源泉。"文化的影响是深刻绵长的，而校园文化则是高等院校的灵魂，尤其成为一种强大的精神力量。首先，"红色文化"应该跻身"校园文化"的主力军行列。正视高校文化建设，首先要夯实物质基础。利用好政府对校园物质文化建设的投入，科学规划、整体设计，围绕学校文化建设的总体方略，赋予每一座建筑以文化内涵甚至与当地的红色人文景观遥相呼应。其次，选出学生制作精良的革命志士的雕像、石刻陈列在校园中，张贴展示名言警句、红色故事的文字图片于校园橱窗中，校园广播设置红色板块，使高校大学生在细枝末节中得到陶冶。最后，鼓励学生自发组织开办红色社团，红色社团体现着高校的"红色文化"底蕴，可开展学唱红歌、共读红书、组团游览革命圣地这些回顾式活动，并结合新时代典型代表如屠呦呦、钟南山、女排前教练郎平等人的事迹分享讨论会这些立足当下的活动不仅促使高校丰富了思想政治教育的形式，又让学生独立自主地选择了感兴趣的红色活动，激发浓浓爱国情。

2. 构筑社会"红色文化"教育良好的环境

社会是高校大学生学习与生活的一个大环境，是思想政治教育的关键之一，有着举足轻重的作用。因而社会要为高校大学生的思想政治教育营造出一个积极向上的环境，让高校大学生接受红色文化潜移默化的影响，具体就需要社会做到以下几点。

（1）保护革命旧址

政府投入资金加大保护力度，与建立红色资源的保护机制相辅相成。由于以物质形态形式存在的"红色文化"是不可再生的，要保护好红色圣地、革命遗址、名人故居等红色历史遗留，并且政府要做好引导高校积极参与"红色文化"保护活动的协调工作。

（2）开发红色资源

对"红色文化"资源的开发也至关重要，做到保护与开发并重，既要传承优秀历史文化，也要立足当下展望未来，深层次挖掘革命志士的英勇事迹，赋予时代精神，利用高新技术开发新形式吸引学生的兴趣。

（3）实施红色景区优惠政策

免费或优惠开放纪念馆或景点等，组织与吸引高校大学生前往参观学习，更好地发挥它们的教育功能与作用。革命教育基地可以为高校大学生提供暑期实践锻炼与培训的机会，向高校输送"红色文化"教育资源，在降低高校"红色文化"教育成本、减轻"红色文化"教学压力的同时丰富思想政治教育的方式。

3. 学生提升"红色文化"修养，做知行合一的人

高校大学生是否具有坚定的理想信念直接影响甚至决定着我们国家的发展前景。应充分明确高校大学生学习"红色文化"的内部动机，让大学生从自身实际需要出发，理论与实际相结合，提升自我修养，做到知行合一。

（1）学习研修理论知识，将"红色文化"内化于心

学习研修理论知识是提升自我修养的主要途径。高校大学生要有效利用高校中丰富的图书资源，通过在图书馆借阅大量的红色书籍，来增加自

己关于"红色文化"知识的储备量,提高理论水平。但事实上是受这些知识本身的理论性、高校大学生自身的功利性等方面的影响,图书馆中有关中国革命题材的书籍的借阅率普遍偏低,因此高校大学生要在养成习惯去图书馆借阅该类书籍,享受"红色文化"的熏陶,深谙红色革命精神,将书本中字里行间的"红色文化"内化于心。

(2) 注重个人修养实践,将红色精神外化于行

"红色精神是中国共产党带领中国人民在革命战争年代造就的独具特色的精神。""红色文化"中蕴含的红色精神是抽象的,只能通过实践来使它具象化,让高校大学生在丰富"红色文化"理论知识后,通过实践行动去内化,从书本中走向革命老区、"红色文化"纪念馆等红色资源现场参观、学习、考察,加深对"红色文化"的认识。

4. 大力开展"红色文化"实践活动

(1) 利用红色音乐作品

以革命为主题的音乐代表作非常多,例如《十送红军》(图 3-2-2)《太行山上》和《长征组歌》以及《黄河大合唱》等。相关教育工作者可以将红色音乐作品带到校园,使得青年人自觉加入红色音乐文化的传承和发展之中,力求在实现和提高红色乐文化品牌的市场竞争力的同时,打造出一个广为人知的本地区独有的红色音乐文化品牌。

图 3-2-2 《十送红军》

(2) 利用红色家书

作为一种红色文化资源,红色家书自身是无法再生的,其具有的价值无可置疑。同时,它也是新时代思想教育工作的优秀教材,能够培育青年

的社会主义核心价值观。红色家书是革命先烈遗留下来的珍贵的精神和物质财富,是开展政治教育工作重要的教育资源。利用红色家书开展活动,将革命年代的血与泪表现得淋漓尽致,展现出"流动的、生动的思想政治教育大课"。

红色家书的内容主要来源于有两个,一是旧时代的进步分子,二是不同时期的中国共产党党员遗留下的家书。目前有很多关于红色家书的著作可供读者阅读,但极少有学者对其相关内容进行研究。1980年出版的收录178封家书的《老一代革命家家书选》(图3-2-3)就是一个典型的例子,当时这本书的编辑方是中共中央文献室,很多老革命的家书都被收录到这本书里,包括周恩来、毛泽东、叶剑英等革命先辈的家书也在其中。

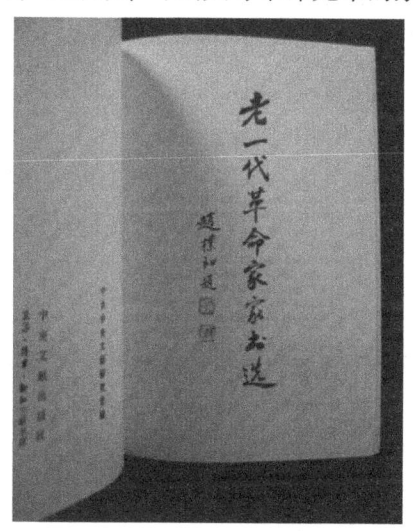

图3-2-3 《老一代革命家家书选》

《品读红色家书》于2006正式出版,编写者是吴青岩,它的特点在于其内容除了家书之外,还包含了革命先烈的座右铭。2009年,由高占祥编写的《革命先烈的家书选》正式出版,创造性的收录了先烈的遗书、狱中信函等文书。《红色家书》《图说红色家书》分别于2009年和2013年正式出版,编撰者都是张丁。由唐洲雁、李扬编撰,2013年正式出版的《中共元勋家书品读》将内容范围进一步扩大,增添了相关人物的轶事和背景介绍。此外,1997年出版的《党的文献》第2期刊登了《叶剑英家书两封》这篇文章,与叶剑英家书有关联和人物以及家书本身的背景故事在文章中都有介绍。

　　研究红色家书的利用，首先需要全面了解红色家书的内涵与特征，对红色家书的相关理论有所认知，进而更好地开展红色家书巡演活动。

　　中国的革命战争拥有这悠久的历史和无数跌宕起伏的故事，无数的先烈不舍地离开家乡和亲人，将自己的一切都奉献给了伟大的革命事业。他们在残酷的斗争过程中，也会偶尔想起远方的亲人。他们将自己的思念、感悟和理想凝结成一封封的家书，寄给自己的亲人、爱人和友人。书写人不同导致家书的风格差别巨大，有的温柔、有的豪放，这些都是他们当时当地的所思所感。家书是记忆和理想的承载者，传达的是深切的思念和祝福。红色家书是老一辈革命家和先烈留下的极为珍贵的精神财富，是开展爱国教育和革命传统教育的好教材。

　　红色家书的存在说明革命者也拥有丰富的情感，他们思念家乡的亲人，惦念无法相见爱侣。哪怕是身处两地、命悬一线，他们仍旧挂念着自己的父母和妻儿。这些家书是一部为人处事、待人接物的人生宝典。它告诉人们应当怎样做人，怎样做事，怎样处理各种复杂的社会关系。

　　红色家书具有"家书"的基本特征，而"红色"使其具有了独有的特征，具体表现为以下两个特征。

　　一是历史继承性。红色家书属于特定历史时期的所遗留下来的历史文化产物，涵盖了中国革命、建设和改革开放等各个重大历史阶段，具有鲜明的时代特征和厚重的历史感。家书把读者带回到了硝烟弥漫的北伐战场和九一八事变后危机重重的中国，它让读者看到了无数知识青年在抗战烽火燃起后争相到达延安的场景，理解了抗战过程中的艰难困苦，了解了新中国成立后中国人民奋力建设祖国，抗美援朝的艰难胜利以及改革开放之后的种种成就。家书就是历史，阅读家书就是将自己置身于历史的长河中，靠近了解历史中的人物，经历历史带来的深刻洗礼。

　　二是道德教育性。中国的很多传统文化都能在家书中找到具体的体现，例如教化、礼仪、修身、齐家等在家书中都能找到对应的范例，这些也正是中国道德的精髓所在。红色家书让读者明白先烈是如何无私奉献、诚信友爱，又是如何追寻真理、争取公平正义的。红色家书体现了中国的先进文化，虽然家书的语言大多朴实无华，但其分量从未因此而减少半分。红色家书是宝贵的历史文化遗产，同时也是有着重要教化作用的精神文化遗产，是对高等院校的学生进行思想政治教育的重要教育资源。

（3）开展红色活动

比如江西高校开展的"诵读红色家书，讲述英烈故事"活动（图3-2-4）取得明显成效，重要的是创新了思想政治教育主要手段。活动精选红色故事，创新讲述方式。时任江西财经大学党委宣传部部长王金海曾经对江西开展的思想教育活动做出评价，他认为江西教育厅采用的宣传教育模式新颖且契合年轻人的学习习惯，微博、微信等互联网平台都是年轻人获取信息的重要渠道，通过这些渠道来播放100个经典革命故事、红色家书等内容更容易让年轻人理解并接受，更有利于帮助他们树立正确的人生观、世界观和价值观，为他们提供丰富的精神营养，有利于青年学生坚定走好新时代长征路的理想信念。南昌大学学生郭静说，微博、微信等新媒体主要手段便于互动、易于传播，同学们在参与互动中受到教育，特别是这些英烈故事不少就发生在江西这片红土地上，甚至有的英烈家属还健在，让同学们更是感觉亲切。

图 3-2-4　江西高校开展的"诵读红色家书，讲述英烈故事"活动

江西开展的"诵读红色家书，讲述英烈故事"活动之所以取得如此大的成功，和学校师生的努力都是分不开的。活动让学生站到前台，变被动灌输为主动参与。江西师范大学副校长刘俊说，这次活动能吸引全校超过40%的师生直接参与，一个重要原因就是让学生当主人，从节目创意、编排、演出，都让学生站到前台，发挥学生的主观能动性、创造性。"我们创新了活动方式，让学生做主。"江西省教育厅社政处处长邓文君也认为，活动取得成功的关键是"放手让学生去策划、组织节目,高等院校教师在背后引导,让学生在参与中学习和感悟"。对江西师范大学学生杨琳来说,从课桌旁的听众变成舞台的主角,效果和感受完全不一样。

同时还要用好校内校外资源,发挥正面"网红"的教育功能。据笔者了解,江西省高等学校没有关起门来搞活动,而是走出门去邀请名人、邀请英烈亲属参与活动,发挥他们的正能量。南昌大学"网红"高等院校教师、中国红歌会年度总冠军郑璐担任了歌曲《祖昌,我对你讲》主唱,而龚全珍、方梅等人也都耳熟能详,这些具有较大社会影响力的正面"网红",恰是青年学生学习的榜样。

"诵读红色家书,讲述英烈故事"活动的开展既丰富了红色音乐作品的数量和类型,又提升了红色音乐作品的质量。巡演活动的节目通过比赛的方式进行遴选,大大地调动了师生们的创作热情。同时这么多作品的呈现和巡演项目的开展既为红色音乐作品演出市场提供了素材也为其扩大了受众,在为音乐市场增添了无限的可能的同时,还为城市文化中艺术文化的建设增添更多色彩。

"诵读红色家书,讲述英烈故事"活动,其可听、可看、可参与的特点调动了广大青年学生的热情,他们满腔热情投入创作、表演中,用年轻人最喜欢的方式和创意,让英烈形象变得有血有肉,可触可信。"红色文化+巡演活动"的综合演艺形式的开展对以后巡演项目的开展提供了模板和借鉴,为巡演项目拓展了新的思路,同时也为其他地区深入开展高等学校思想政治教育工作方式提供了新的途径。

不管如何红色文化资源是一种社会化的教育资源,在与思政实践体系的融合中需要集高校、政府和社会力量的多元参与,"加强实践育人平台建设,综合运用校内外资源,建设满足实践教学需要的实验实习实训平台"。高校应重视和加强对红色文化的整合,将其纳入思政教育整体规划和制度建设中。各级政府应该发挥其在政策、资金、协调等方面的主导作用,如免费开放当地红色基地、给予参观考察的优惠便利,建立一批红色教育基地、思政教育社会实践基地、"三下乡"实践基地、认知实习基地、专业实习基地,让大学生可深入各种基地进行社会实践。高校可以与文化教育部门、社科研究部门、学术团体、企事业单位等建立长期稳定的合作关系,邀请老红军、老战士、红色英模、专家学者来校开课、做报告,系统讲授红色故事、红色文化、红色精神,利用重大历史事件纪念日、建党建军纪念日等开展主题鲜明、丰富多彩、感染力强的校园红色文化活动,使学生在参与的过程中切身感受红色文化的熏陶,实现地方红色文化资源与成果的共享。

5. 发挥互联网优势,唱响红色主旋律

以网络为载体,唱响红色主旋律。高校可以建立高校红色网站,将重要事件、人物、理论观点、著作等整理出来发布到网站上,通过图文或音视频进行呈现,为学生提供红色文化学习的平台,弘扬红色文化精神。充分发挥互联网信息传输快、覆盖面广、资源共享等优势,扩大红色文化思政教育的覆盖面。例如以塞罕坝精神为引领,在网站上推出高校塞罕坝精神学习专题,让红色文化占领网络主阵地,面向高校学生进行正向的舆论引导。让红色资源获得思想政治话语的主动权,让高校学生了解塞罕坝精神内涵和形成背景等,配合专题研究项目和专题讲座等,让学生自觉接受红色文化的熏陶。

三、时政资源与高校思政教育的一体化建设

(一)时政资源相关概念

虽然对于时政资源的概念并没有权威的解释,但学者们对时政资源的解释大同小异。时政资源在对时政概念和课程资源的概括基础之上总结出来的。

时政资源具有时效性、多样性、生活性、政治性的特点。首先,时效性体现在两个方面。一方面,时政资源的内容更新速度快,例如经济改革、政治建设、文化生活等不同领域的发展对时政资源有着深刻的影响。另一方面,同一条时政资源在不同的时间、地点等都有不同的变化。这也是教材不断变动的原因,因此高等院校教师要时刻关注时政,密切关注时政发展的动态,将时政资源整理概括运用到课堂教学中来。

其次,多样性是指政治性时政资源的范围、内容、呈现方式、获取途径等丰富多样。第一,时政资源涉及的范围较广,不仅包括国内的,还包括国际的各种大事件。第二,时政资源几乎涉及社会生活的各个领域,包

括政治、经济、文化、军事、外交、民生等方面的方针政策，因此时政资源的内容具有多样性。第三，我们可以通过电视、报纸、广播、网络等多种渠道获取各种时政资源。

再次，生活性体现在时政资源来自社会生活的方方面面，与生活紧密联系。在教学过程中利用时政资源可以增强教学内容与学生之间的关系，拉近两者之间的距离，将教学内容置于情景当中，使教学内容生活化，便于学生理解教学内容。例如在2020年新型冠状病毒蔓延期间，各种逆行者（图3-2-5）的辛勤付出，生动地诠释了以爱国主义为核心的民族精神，引导学生弘扬民族精神和社会主义核心价值观。

图3-2-5　"逆行者"之医生

最后，时政资源具有明显的政治性。高等院校教师在教学过程中运用时政资源能够帮助学生坚持正确的价值导向，树立正确的世界观、人生观、价值观，提高学生的政治素养，为实现伟大复兴中国梦做好准备。

可以说，时政资源就是高等院校教师根据教学目标、教学内容和学生实际等，有目的、有计划、有组织、创造性地开发和运用国家政治生活中新近或者正在发生的国内国际重大事件，来提高教学效率，提高学生学习效率，丰富课堂教学，提高学生的素养等。

（二）时政资源的类型

从时政资源涉及的内容来划分，可以分为经济类、文化类、政治类、综合类等多种类型。我们可以通过电视、报纸、广播、网络等多种渠道获取各种时政资源。

（三）时政资源与思政教育一体化建设的意义

高校思想政治育人体系的建设应该利用好时政资源。这是因为思政教育有鲜明的时政性、思想性，而时政资源又恰好具备这两点，从而使两者高度贴合，高等院校思想政治教育中使用时政资源是非常常见的，时政资源在高等院校思想政治课教学资源中有着极其重要的地位。然而，通过对相关文献资料进行查阅收集可以发现，在高等院校思想政治课中运用时政资源这方面仍处于较为薄弱的状态，研究不够深入，缺乏针对性、系统性和专业性。因此，我们需要深入细致分析时政资源的运用策略，为时政资源的运用提供理论支撑，以便更完整系统地在高校思想政治育人体系的建设中运用时政资源。

同时，加强时政资源在高等院校思想政治教育体系中的应用有利于转变高等院校教师的教学观念，促进高等院校教师专业化发展。社会高速运转，事物更新换代较快，与之相适应时政资源也不断发展。然而受应试教育长期影响，一些高等院校教师对于上课用的课件或者案例不懂得创新，而是拿来就用，甚至一套方案用几个学期，不善于与时俱进，教学方法枯燥单一，就使得学生上思想政治课的热情减少，甚至觉得上政治课只需要背知识点就可以，把书上的知识点背下来就能拿高分，从而降低学生学习的主动性和探索精神。

新时代的高等院校教师要有创造性，转变观念，更新思想，创新教学方式。教师在高等院校思想政治课中运用时政资源，不仅可以转变自己的教学理念，树立理论联系实际、教育生活化的教学理念，还可以促进高等院校教师的专业化发展。高等院校教师不仅要时刻密切关注时事政治，还要合理选取运用与教学内容相关的时政资源。

加强时政资源在高等院校思想政治教育体系中的应用也有利于增强学生学习兴趣，培养学科核心素养。很多学生对思想政治教育产生偏见，认为政治内容只关乎死记硬背，出现反感的情绪。另一方面，政治尤其是哲学的相关理论比较难理解，再加上思想政治教育课高等院校教师采用传统的讲授法，导致学生对思想政治教育课的兴趣不高。高等院校教师选取与教学内容相关和学生感兴趣的时政资源，不仅能够调动学生对思政课的兴趣，营造良好的课堂环境。

高等院校教师利用时政资源，将党和国家的方针政策与教学内容相结合传授给学生，讲述我国的民族精神和时代精神，让他们认识到正是由于中国共产党的领导国家才得以繁荣发展，从而自觉拥护中国共产党，提高政治认同。同时将有关国家的法律法规的时政素材与教学内容相结合，通过案例或素材的展现，使得学生知法、懂法、守法、用法，能够提高他们的公共参与感。总之，利用时政资源，可以培养学生的学科核心素养。

加强时政资源在高等院校思想政治教育体系中的应用，有利于更新思想政治教育课教学内容，弥补教材内容的滞后。教材一段时期内是一直处于一种静态，而社会发展是动态的，所以难免会出现滞后的现象，而且相较其他学科来说滞后性更加突出。例如国家近期出台的政策、相关法律法规和马克思主义理论成果的完善等，在高等院校政治教材中不可能马上添加、修改。因此高等院校思想政治教育课教师要及时密切关注时事政治，将时政资源作为思想政治课教材的补充，保证教材的科学性、严谨性，另外，合理运用时政素材可以将抽象的书本知识形象化，加深学生对知识的理解。

（四）时政资源与思政教育一体化建设的路径——以抗疫精神为例

我们对时政资源在高等院校思想政治教学中的应用研究，可以通过对教学具体案例分析，总结出一般的策略，并解决高等院校教师发现的问题，同时挑选出的优秀资源可以直接被拿来参考和学习，研究成果要具有一定的借鉴价值。此外，高等院校教师在课堂教学各个环节运用时政资源，不仅可以优化高等院校教师的教学模式，而且在高等院校思想政治课堂中运用时政资源可以调动学生的学习热情，摒除教育枯燥无味的主要手段，提高学习效率。为在新时代背景下进一步改进高等院校思想政治课教学、推动思想政治学科教学改革打下坚实的基础。下面，结合全国抗击新冠疫情的时事来分析时政资源与高校思想政治教育一体化建设的路径。

1. 抗疫精神的内涵

2020年9月8日，习近平总书记在全国抗击新冠肺炎疫情表彰大会上指出："在这场同严重疫情的殊死较量中中国人民和中华民族以敢于斗争、敢于胜利的大无畏气概,铸就了生命至上、举国同心、舍生忘死、尊重科学、命运与共的伟大抗疫精神。"① 生命至上诠释了中国共产党以人民为中心的立场。在抗疫大战中,中国共产党始终秉持以人民为中心的立场,不漏掉、不抛弃每一位患者,全力以赴地对待每一个生命,坚决维护人民群众生命安全。

2. 抗疫精神融入高校思政教育的途径

(1) 挖掘战"疫"英雄,发挥榜样引领作用

历史大浪淘尽无数英雄人物,如果说邱少云、黄继光、雷锋等英雄让人"只敢远观",那么疫情防控期间涌现的无数"新"英雄,上至钟南山、李兰娟院士,下至周洋、赵珺延"小英雄",都是值得我们学习,也能够学习的榜样。疫情暴发最严重的时期,全国大中小学校纷纷延期开学,大学生也各自被迫"困"于家中,在此期间,许多中华儿女积极响应党中央号召,有序加入抗击疫情的斗争,为维护人民健康安全贡献力量。其中不乏大学生身影。

榜样的力量是无穷的,来自同辈群体的价值引领和思想教育更是深刻。各大高校可以充分利用同辈教育,组织开办抗疫专题活动,挖掘身边的战疫小英雄,形成"以生育生,互促互进"的教育格局。首先,各班班主任、辅导员应牵头起势,组织班委,精心设计一场如以"寻找身边的抗疫小英雄"为主题的班级活动,组织"抗疫小英雄"依次发言,讲述其在参与抗疫防疫过程中的所见所闻、所思所感,并以"抗疫中的所见所闻"为主题,组织学生自由发言,让来自全国各地的同学讲述自己家乡的防疫事迹,和自己所亲身经历的抗疫事件,以及在这场艰苦卓绝的战疫中的感想和体会。以此鼓励同学们向榜样学习,在班级乃至学校范围内形成一股良性竞争氛围。其次,院系可以进一步扩大活动范围,将各班级评选出的英雄代表再次集结,在全院召开表彰大会,并对其进行一定的物质或精神表扬,从学院层面肯定"小英雄"们的责任与担当。最后,可以将院系评选出来的优秀抗疫小英雄通过学校公告栏、广播等形式加以表扬和宣传,营造一种向优秀看齐的文化氛围,加深大学生对伟大抗疫精神的理解,鼓励大学生积极进行伟大抗疫精神实践。

---

① 2020年9月8日.全国抗击新冠肺炎疫情表彰大会.

(2) 发挥思政理论课主渠道作用

高校思政理论课,是对大学生进行思想政治教育的主渠道,其作为高校铸魂育人的重要阵地,对伟大抗疫精神的弘扬具有天然的使命。将伟大抗疫精神融入思想政治理论课应将其融入五门理论课教学,综合运用现代化的教学方式和教学手段,开展学生喜闻乐见的教学活动,增进学生对伟大抗疫精神的理解。

以《马克思主义基本原理概论》(以下简称"马原")这门课为例,第二章第三节"认识世界和改造世界"中提到,"中国共产党在领导人民进行革命、建设、改革的长期实践中,逐步形成和确立了一条正确的思想路线,其基本内涵是:一切从实际出发,理论联系实际,实事求是,在实践中检验和发展真理"。疫情防控中,我国始终坚持实事求是原则。首先,公开、透明、准确地向全世界公布国内确诊、疑似、死亡和治愈人数体现了这一点。本次暴发的疫情感染力强、传播速度快、暴发范围广,我国始终秉持人民至上、生命至上的原则,排万难、克万险积极进行患病人员排查工作,难度大、任务重,为确保感染患者应收尽收,下沉党员干部、志愿者、基层工作人员,举全国之力挨家挨户测体温、查病史、查出行。其次,直面疫情防控短板和错误,彻查疫情防控期间重大决策失误涉及官员,严肃问责,依法处置。对于群众突出反映的舆论事件,专门立项调查,依法公开结果,及时纠偏指错,时刻关注民之所需,及时回应民之所求,做到了一切从实际出发,实事求是。

在《毛泽东思想和中国特色社会主义理论体系概论》中,将抗疫精神用于讲述中国共产党以人民为中心的价值情怀,立足抗疫实践,讲述抗疫精神的演变过程,全面分析党中央的抗疫决策部署,引导青年学生认识我们集中力量办大事等中国特色社会主义的制度优势,自觉增强"四个意识",坚定"四个自信",做到"两个维护"。

在《形势与政策》课中,可通过中西方的抗疫结果对比,引申出两种制度优劣对比,自觉拥护中国共产党的领导,坚定党的执政核心地位,坚定共产主义信念,做社会主义事业的坚定支持者和拥护者。

(3) 创新志愿服务形式,完善思政实践教育

新冠肺炎疫情新实践赋予志愿服务形式新特点。本次疫情来势汹汹,人力物力消耗巨大。除了同病毒正面交锋的"战疫"一线,社会生活的方

方面面都需要进行复次"查漏补缺"。志愿服务能够有效链接各方，志愿者们四处奔波，充当社会和谐与国家抗疫防疫工作的润滑剂、接力手，对群防群控、联防联控工作做出重要积极贡献。

疫情当下，志愿服务任务重、责任大，大学生作为社会主义事业的建设者和接班人，理应在保障自身安全的情况下，运用所学知识，力所能及地为社会、为人民贡献自己的一份力量，自觉践行伟大抗疫精神。首先，可以参加校园疫情防控志愿服务，如检查同学戴口罩、劝导同学保持安全距离、进出人员体温检测等工作。其次，可以参加社会疫情防控志愿服务，如协助交警部门进行必要的交通管制；帮助外来医护人员解决医患语言沟通问题；外语专业的同学，可积极参与外籍人士政策解读与语言沟通障碍等工作；医学专业的学生，可充分发挥专业优势，积极参与医护资源短缺的中高风险地区的感染者救治工作。最后，可以依托互联网，开展"云上"志愿服务。如利用微信公众号、腾讯会议、一直播、钉钉等软件面向公众提供心理咨询服务、新冠病毒防护知识普及服务和医护子女网上教学辅导服务等。

四、中华优秀传统文化与高校思政教育的一体化建设

（一）中华优秀传统文化中的思想政治教育精髓和价值

1. 注重个人品德修养的思想

中国传统文化一大核心内容就是儒家文化，儒家文化的核心就是伦理道德，这样来看中国传统文化正是传统美德的集中体现。孔子强调必须要在知识学习之前修养个人品格，"弟子入则孝，出则悌，谨而信，泛爱众而亲仁，行有余力，则以学文"。《资治通鉴》中，司马光也曾论述衡量一个人要以德行为本，"才者，德之资也，德者，才之帅也"。"仁、义、礼、智、信"正是儒家道德的集中体现。现阶段实现自身发展也必须要完善人格修养，学习和积极传承中华民族传统美德。高校育人的根本任务是"立德树人"，重在培养具有较高道德水平的高校大学生，这与中华优秀传统文化强调完善人格修养相一致，能够起到极大的推动作用。

(1) 道德修养

中国传统文化精神中的儒家思想是非常注重道德的重要地位的，其中儒家所提倡的"道"就是我们现在所说的道德修养，得道是人们道德达到的最高境界。老子提倡"抱怨以德"，也就是我们传统文化提倡的"心底无私天地宽"的个人道德修养思想。孟子也提出仁爱之心的修养之道。

儒家优秀传统文化中主张为政者要率先奉行良好的道德风尚，引导全社会上行下效的思想，不仅可以很好地促进社会核心价值观念深入民心，推动良好社会风貌的形成，而且也可以很好地帮助国家形成强大的感召力，为国家提供强大的精神支撑。虽然儒家倡导的德治其主体是封建统治者"君"，其理论主张有维护封建统治秩序的作用，但其理论蕴含的思想精华值得我们进行创造性转化，为提升思想政治教育服务。

(2) 孝道修养

这些思想虽然有封建思想意识的存在，但也不能否认，它给我们提供了做人的道德标准。"老吾老以及人之老，幼吾幼以及人之幼"的思想更是强调大爱无疆，如在特大地震中，全国人民用自己的行动演绎了中华民族传统文化中的尊老爱幼，大爱无疆的崇高精神。传统优秀思想文化中的德孝观念为后人留下了宝贵的精神财富。古人的这些个人品德的修养思想，不会随着历史的逝去而失去价值，相反，在物质文明高度发达的今天却焕发出特有的光彩，是我们当今社会所缺乏的，并且是需要加强的。

(3) 气节修养

中华民族是一个重视气节、操守的道德精神的民族，气节实际上是指现在的正义感和是非观念，我国古代的文人志士是很注重气节和操守的有了传统文化精神中重视人格尊严、重视气节操守的优良精神传统，才产生了一代又一代中国仁人志士用自己的气节和操守维护了国家的利益，民族的尊严，上下几千年的中华民族发展史写满了有气节有操守的革命人士的感人至深的故事。在我们现在所处的和平年代，一个人有气节是很重要的，气节修养是我们民族精神的传统，把它继承和发扬下去，是我们国家赋予我们的历史使命。

(4) 诚实守信

中华民族是一个诚实守信的民族，在传统优秀思想文化中，诚实守信的美德是个人道德修养的一个重要方面。至诚至善被儒家看成是人生的最高境界而去倡导。《礼记·中庸》中记载:"顺乎亲有道,反诸身不诚,不顺乎亲矣;诚身有道,不明乎善,不诚乎身矣。"孝顺父母是有道德的表现,自己反问自己如果心不诚就不是真正孝顺父母,心诚是有道德的表现,如果不明白什么是善,那么自己的心就不诚,这些话虽然已经离我们远去了但是其中对诚信的崇尚,是我们当代人所不及的。

(5) 自强不息

从古至今,中华民族始终推崇的理想信念以及道德传统就有自强不息。《周易》载,"天行健,君子以自强不息",这种精神是大教育家孔子一直积极倡导的,而且在自己的生活实践中也在履行这种自强不息的精神。"天将降大任于斯人也,必先苦其心志,劳其筋骨,饿其皮肤,空乏其身,行拂乱其所为,所以动心忍性,曾益其所不能。"这种精神也曾被孟子积极倡导。史记《太史公自序》中讲,西伯姬昌被拘禁时推演《周易》;孔子受困厄而作《春秋》;屈原遭受流放,在逆境中发奋自强从而有了《离骚》的问世;左丘虽双目失明,却著有《国语》;孙膑遭受膑脚之苦,修列的《兵法》之书流传于世;吕不韦被贬蜀地,却写了《吕览》一书。这些著作都是古代的圣贤们坚毅顽强、自强不息精神的体现。这种坚毅顽强的精神在中华传统优秀思想文化典籍中有大量的记载。

现阶段,实现中华民族伟大复兴的中国梦是我们的最终理想,追求这一理想需要全国各族人民不懈奋斗,顽强拼搏才能够实现,优秀传统文化自强不息的崇高理想信念体现了我国人民自古以来的奋斗精神,这对激励当代人民团结奋斗有着十分重要的意义。

2. 倡导爱国主义精神的思想

古代常把忠君和爱国联系在一起,虽然有一定的封建意识在里面,但爱国主义精神是没有时代性的。爱国主义是任何一个国家生存、发展的精神支柱,我国人民的爱国主义是在中国传统文化的基础上产生和发展起来的,传统中的爱国主义思想是我们的宝贵精神财富,如具有崇高的爱国主义思想的屈原曾发出"路漫漫其修远兮,吾将上下而求索"的呼喊。史学家司马迁用自己的一生来展示自己的爱国爱民族的思想,"常思奋不顾身,而殉国家之急"是他的爱国精神的真切表白。南宋的抗金名将岳飞的故事是我们现在进行爱国主义教育的典型素材,他用"精忠报国"四个大字表达了他深深的爱国情怀。发扬爱国主义精神不仅是社会上层人物的事,也是一些有志之士的事，它也应该是普通老百姓的事，正如顾炎武所说，"天下兴亡，匹夫有责"，因为国家的繁荣富强对于每一个普通人来说都有一份责任的。

作为传统文化的核心——爱国主义精神在现代思想政治教育中也发挥着至关重要的作用。一方面能够让学生通过多种艺术形式来了解传统文化的深刻内涵，有利于增强文化意识和提高使命感；另一方面帮助学生建立独特且深厚的民族情感。在展开思想政治教育实践活动中，主要形式包括学习唐诗宋词等文学作品，感受民歌、曲艺等民间艺术。通过以上实践活动能够帮助学生提升民族意识，深化爱国主义情感。以爱国主义为核心的民族精神是培养当代高校大学生的重要内容，与中华优秀传统文化的爱国精神一脉相承且具备独特的时代特征，我国高校十分重视大学生社会实践活动，积极开展中华优秀传统文化教育工作，增强大学生责任意识以及爱国精神。事实上，这与古代许多文人志士都对爱国主义精神进行了充分歌颂，例如，杜甫的"国破山河在，城春草木深"，屈原的"亦余心之所善兮，虽九死其犹未悔"，文天祥的"人生自古谁无死，留取丹心照汗青"。

3. 注重和谐思想

在传统文化中，"和"是中国人的宇宙观，也是中国人最高的价值追求，还是中国人待人处事的基本原则。具有中国特色的思想体系正是"和合"，同时象征着中华传统文化的内涵。重视和谐与统一作为中华民族精神的一大核心内涵，充分体现了爱国主义精神在发挥强大向心力和民族凝聚力方面的作用。儒家一直都十分重视"和"的思想，他们提出"礼之用，和为贵"，不管用什么样的礼，最终还是以和为贵，和为礼仪之先的思想。孟子认为，"天时不如地利，地利不如人和"，有利的天气、时令不如有利的地理形势，但人心团结，齐心协力，却在两者之上而决定事情的成败。在《论语》中，孔子主张"和无寡"，只要上下和睦就不必担心人少。墨家提倡"非攻""兼爱"，也是和的思想体现，主张人与人之间要和平相处，相互攻击则两败俱伤。这是我国古代人民向往和平，崇尚和谐的思想体现，他们希望建立一个人与人相亲，人与自然相合的美好理想社会。

在理解和定义中华优秀传统文化方面，有很多学者很早就展开了深入分析，"和合哲学"这一观点在20世纪80年代末由张立文提出，"中华和合文化"则是陈思远先生的理解。事实在某一程度来看,中和这一思想不但事实上是儒家文化精神核心要点,同时也是墨家、道家文化精神所追求的核心。综上所述,中华优秀传统文化精神的核心内涵就在于"和""中"思想。

4. 注重对社会舆论的疏导

在社会舆论方面,儒家对社会舆论采取"疏而不堵,顺势而导"的方法,也可以很好地帮助其倡导的价值观获得话语权。价值观话语的传播意味着信息的流动,必然要注重社会对信息的反馈。社会舆论反映了集体的思想和行为取向,是价值观话语传播过程中要密切重视的问题。儒家思想非常重视舆论的引导作用。《史记》记载大禹之功,"唯禹之功为大,披九山,通九泽,决九河,定九州,各以其职来贡,不失厥宜。方五千里,至于荒服。"大禹采用"疏导"之法,顺应水性,导河入海,取得整治水患的胜利,给后世留下重要启示。《论语·颜渊》记载,叶公问孔子要如何治理国家,孔子回答说,"近者悦,远者来"。政事清明,百姓安居乐业的舆论散布开来,自然会使远方的人来投奔。表现出儒家对舆论社会影响力的重视。

儒家提倡对舆论进行"疏导",批评"堵塞"舆论的方法。《国语·周语上》记载了为政者采用堵塞之法而最终失败的事例。周厉王实行暴虐统治,不听大臣告诫、民众的批评,反派人到处监视抓捕加害批评朝政的人。大臣邵公劝告他,"防民之口,甚于防川",但周厉王仍我行我素,终于以民变被放逐而告终。这就告诫为政者对社会舆论如果仅以强行封堵的极端控制措施,是无法取得预期的效果的。而如果采取"疏导"的方法,则是另一番景象。《左传·襄公三十一年》记载,郑国相国子产对批评朝政的言论并不主张加以禁绝,反而认为,他们说得对的,我就照做,说我做得不对的,我就改,这就是我的老师啊。其对批评言论的开明态度,使民众的意见得以畅通表达,政事得以完善,社会凝聚力得以增强,郑国的国力也让敌国不敢侵略。正反两方面的事例说明了儒家思想重视社会舆论的作用,更多强调以疏导的方式来引导社会舆论的走向。

(二) 中华优秀传统文化与高校思想政治教育一体化发展的必要性与可行性

1. 中华优秀传统文化与高校思想政治教育一体化发展的可行性

(1) 传统文化提供了丰富的思想政治教育内容

①道德教育

我国传统文化中的道德教育内容是丰富的，道德教育的原则和方法也是非常有效的。中华民族素来就有勤劳和善良著称的传统美名，心行正道，志慕贤良，一直是中国各民族人民的道德追求，诚实守信作为中华民族重要的传统美德，是社会主义市场经济的道德基石，因为社会主义市场经济是道德经济，它需要人的诚实和守信，需要人与人之间的关系融洽，因此传统道德教育具有重要的现实意义。在我国传统文化中，至诚至善是人生的最高境界。崇尚宽容大度、厚德载物的包容精神的美德；重义轻利、舍生取义的崇高人生境界等等，都是我们现代人身上所缺乏的，应该成为思想政治教育的重要目标。

无数品德高尚的贤人君子对至诚至善的追求，演绎了无数具有教育意义的故事，故事体现了他们崇高的道德品质，这些故事本身就是非常宝贵的教育资源，我们中国传统文化是世界上最强调道德地位和作用的一种文化，在我国社会主义发展的新时期，把道德作为人生的基础，用丰富的道德教育内容进行道德教育，是我们进行社会主义和谐社会建设的保证，因为具有高尚思想品德的人才是我们社会的真正财富。

②理想信念教育

理想信念教育的目标就是培养人民树立坚定信念，献身于社会主义现代化建设事业。中国传统文化中的道德修养主张人们首先要有远大理想，在自己的事业上要有所追求，做好本职工作，并且立志做出成绩，做出贡献。当今社会上有相当一部分人在人生的成长道路上，没有崇高的理想追求，不清楚人生的意义何在，整天无所事事，生活得空虚无聊。他们不懂得"忧患使人生存，安乐使人灭亡"的道理，不明白艰难困苦和逆境是磨炼意志的好机会。我国传统文化中有自强不息、奋发向上的进取精神，有建立大同世界的共同理想，我们现在要求的进行理想信念教育，树立中国特色社会主义建设的共同理想，要求人人为共同理想树立自己的个人奋斗目标，它们在内容上是一致的。我国面临着现代化建设的重大任务、构建社会主义和谐社会的重大战略任务，广大人民应该心怀共同理想，投身于自己所从事的事业中，为我们共同理想的实现贡献每个人的力量。

③爱国主义教育

在我国悠悠五千年的历史中，孕育和产生无数英雄烈士的爱国主义思想，并融入优秀的中华民族精神中。中国传统文化中的爱国主义精神作为我们的民族精神之魂，培养了无数的忧国忧民、为国忘家的爱国人士，是爱国主义精神激发他们为了祖国的独立与解放而献身，为了祖国的伟大复兴和繁荣富强而奋斗。爱国主义精神是千百年来中华民族的精神支柱，在爱国主义精神鼓舞下中华民族万众一心，反抗压迫，抵抗他国的侵略，经历千难万险却浑然不惧，竭力捍卫民族利益，终使中华民族傲然屹立在世界民族之林。

高校应弘扬中华民族优秀传统文化，推动民族优秀传统文化和新时代先进思想的融合互动，不断增强青年大学生的民族自豪感和自信心，引导当代新青年思想境界的升华。人民不仅有权爱国，而且爱国是个义务，是一种光荣。这句话中浓缩自古以来中华民族不屈和崇高的爱国主义情怀。高校应在高校大学生群体中积极弘扬优秀的传统文化并与新时代发展主题融合，引导青年大学生热爱自己的祖国和民族、树立正确的价值观和政治观念，为实现中华民族伟大复兴的中国梦贡献自己的力量。

④积极的人生观、价值观的培养内容

面对当今激烈的竞争和社会压力，用传统文化中发奋图强、持之以恒、自力更生等精神对学生进行乐观向上的人生观培养，显得尤为重要。积极的人生观不会让人们惧怕艰难挫折，而是面对困难，积极向上。中华民族具有勤奋刻苦、积极乐观向上的高尚道德精神，在过去的革命战争年代，这种积极乐观向上的精神帮助革命者战胜了前进路上的无数艰难险阻。在社会主义现代化建设过程中，遇到的困难会更多更大，乐观向上的态度是战胜困难的关键精神因素。传统文化中的这些积极的思想内容是培养学生健康向上的积极人生观的可靠保证。

思想政治教育中的许多教育内容都是从传统文化中传承下来的，传统文化强调个人道德培养的重要性，它是我们现在进行思想政治道德教育的依据和依靠。中国传统文化重视爱国主义教育，包含丰富的爱国主义教育内容，其中还有许多的具有爱国主义思想的爱国人士和爱国故事；传统文化中有关理想信念教育的内容，都是目前思想政治教育的重要内容。

(2) 传统文化教育提供了有效的思想政治教育原则和方法

①情感教育法

中国传统文化中的"以情动人""以情化人"的教育思想就是对情感教育方法的运用，用情感的共鸣去感动人、感化人。"精诚所至，金石为开"，真诚的情感会使金石为之裂开，何况是有感情的人呢？孟子也肯定人性的"四心"，通过感情教育是能够建立人的恭敬心的，培养人的是非感的，这是儒家文化道德教育观对情感教育的重视。

思想政治教育只是单纯地说教，必然是枯燥的，没有趣味的，如果不加进情感教育的成分，教育效果是很难保证的。在思想政治教育过程中要想取得理想的效果它要求教育者善于挖掘自己的智慧，运用自己丰富的情感，加上自己动人的语言表达，去感化受教育主体，使受教育主体与教育者之间在情感上产生共鸣，也就是说动之以情，才能晓之以理。因此，思想政治教育中需要我们倾注丰富的情感和智慧，需要教师倾注自己的爱心，需要教师与学生之间的情感沟通。我们的思想政治教育工作只有这样才能收到意想不到的良好效果。

②实践教育法

道德实践是传统道德修养的特色，注重学生在实践中完成道德修养。一个人的道德修养并不是仅仅拥有道德知识，懂得做人的道理，而还应该去实践道德规范，才算真正拥有道德修养。儒家文化思想中的道德教育是重实践的，孔子在道德教育方面就具有强烈的理性实践精神。"性相近也，习相远也"强调了实践环境对人的品德形成巨大的教育作用。后来的儒家思想，对人天生是善还是恶的问题，各有不同的意见，但是在人性的形成问题上，都认为道德教育实践是决定人性的关键条件。孔子对品德的评定，是看重人的行为，而不是只听言辞，他认为实践行为才是最终结果。传统的儒家文化在道德教育的方法上，也重在实施实践教育法，当然是在理论认识的基础上强调实践，提倡的是体验学习法，人们熟悉的"躬行力究""体用浑然"这两个词中，躬行、体用强调的就是实践的重要性。

中国传统文化注重道德实践，还表现在用具体的事件来磨炼一个人的精神，通过艰难的环境来锻炼人，达到提高道德情操的目的。以孔孟为代表的儒家文化还特别重视道德教育的身教法，就是现在说的榜样教育法，这是言传身教而重在身教的教育方法，教育的示范作用是不言而喻的。我们今天的思想政治教育不仅是理论知识教育的问题，更应该重视道德教育实践的环节。

③环境陶冶法

环境陶冶教育法是传统文化中的一个重要教育方法，也是现代思想政治教育重视的教育方法。环境是影响教育的一个重要因素，"近朱者赤，近墨者黑"。"蓬生麻中，不扶而直"，人生活在良好的环境里，不要费很大的心思去教育也能健康成长，这充分说明客观环境对人的成长有很大影响。历史上的"孟母三迁""千金买邻"的故事就是这个方法的体现。历代教育家认识到了环境对人的教育的巨大影响作用，历来倡导陶冶教育法，在思想政治教育中充分利用一些重要的环境因素，如班风、校风、社会风气等都是重要的环境教育因素，有意去创造一些有利环境，去影响人的思想感情，去陶冶人的道德情操。

④重视品德教育

重视品德教育，是中国传统文化中的一项教育原则，也应该是我们现在思想政治教育的一项原则。道德教育是培养社会公民素质的必经之路，道德素质是一个人最重要的素质，公民的道德素质从根本上决定了一个国家的整体素质。中国古代的道德教育为统治阶级提供了国家治理的重要依据，我们的社会主义现代化建设强调法治建设，同时也强调道德建设，这正是对中国古代"德教"理念的继承与发展。这些强调德教的思想，同样有它的历史局限性，但是我们应该看重它的现代价值，这就为我们进行思想政治教育指明了方向，指明了教育的中心任务应该为道德。

⑤强调主体自觉

中国传统文化中的"行有不得，反求诸己"的思想，就是要求人们在遇到困难和挫折时，要先从自己身上找问题，进行自我反省，才能真正去解决问题。只要人能发挥自己的主观能动性，进行自我道德教育，都可以达到理想的人格境界。受教育主体的主动性和积极性在思想政治教育中起主导作用，是达到教育目的的关键因素。肯定受教育者的主体性，激励他们的自我教育意识，就可以通过自我修养和自我发展来提高自己的道德境界。

此外，传统文化还为我们提供了修身养性的方法，比较典型的有慎独和自省的修养方法，这是儒家修身养性的重要方法。"内省""慎独"经过扬弃的过程，已经发展为我们现在进行思想政治教育的有效方法。

（3）传统文化教育有助于思想政治教育的展开

人的素质是建设社会主义强大国家的最根本要素，高素质人才是世界各国经济实力竞争的决定性要素，而是不是真正人才的关键在于道德素质的好坏。试想一下，一个掌握了丰富的尖端科学知识的大学生，却不了解如何做人，如何处世，更不懂得去爱家爱国，他能是一个真正的人才吗？这种现象是思想政治教育工作所不能忽视的。而传统文化，恰恰又是以道德的培养和人格的塑造为中心的，正是现在思想政治教育所需要的。优秀传统文化教育重视文化素质的培养，可以丰富公民的历史文化知识，了解我们的文化传统，了解我们的民族，激起民族自豪感，树立起民族自尊心，无形中又起到思想政治教育的作用。优秀传统文化教育实际上就是在展开思想政治教育工作，它是思想政治教育的基础工作。

2. 中华优秀传统文化融入大学生思想政治教育的必要性

（1）有利于丰富高校学生思想政治教育的内容

中华优秀传统文化是几千年来中国文人志士所积累的智慧结晶。所以在对高校大学生展开思想政治教育时，应该将不同形式的哲学思想、观点充分融入进去，有利于教育资源的丰富、高校大学生思想政治水平的提升。同时不论是在社会文化生活中还是个人建设环节中都可以充分应用传统文化，发挥最大价值和作用。因此对于各个高校而言，为了能达到更好的教育效果，就更要充分融合传统文化教育与思想政治教育。

事实证明，高校大学生思想政治教育意义重大。中国传统文化在五千年的发展历史中逐渐形成积淀，其中包含丰富的集体主义、爱国主义等优秀文化精神，同时也存在一些封建迷信的陋习。学习中华优秀传统文化能够帮助更多的高校大学生意识到并感受到这些文化，养成明辨是非的能力，而不是对古圣先贤的思想全力追崇或全力打压。如果在思想政治教育体系中能够有效且充分融合中华传统文化的丰富内涵和精神，对于中华传统文化道德体系的发展壮大以及思想政治教育的价值的提升都将产生极大的推进作用。对于高校大学生而言，不断在思想政治教育工作中渗透中国传统文化知识，一方面，有利于其个人价值观的正确形成，对一些优秀思想理念产生更深刻的认识,真正做到仁爱、守信、正义等;另一方面,还有利于立德树人价值理念的培养。对于高校而言,应该在思想政治教育工作中通过合理且有效的措施来融入中华优秀传统文化,使其发挥最大价值和作用,扩充思想政治教育的内容。

(2) 有利于中华优秀传统文化的传承与发展

直至近代,中国传统文化一直是传统教育的重要手段,讲究因材施教有教无类、尊师爱生等,同时也是传统教育的主要内容与材料,主要学习儒家经典。所谓"关乎人文,以化成天下",中华优秀传统文化是重塑中国大学精神的思想源泉。

文化传承对任何一个主权国家来讲都是至关重要的。对于拥有高素质、高文化底蕴的高校大学生而言,他们有必要且有能力承担起中华优秀文化传承这一伟大任务。对于高校而言,为了充分发挥中华优秀传统文化的教育作用,应该将其作为思想政治教育的一大重点,让更多优秀的高校大学生能够积极担负起这一责任,使中华民族的优良传统发挥至极致。现阶段,在看待人生这一严峻课题上,一些高校大学生的处事态度就是游戏人生,认为人生虚无。但是我们需要深知,一个国家的灵魂就是传统文化,如果高校大学生这一优秀群体能够积极投入传统文化的探索和学习环节当中,不论是对于个体能力还是社会发展都将会产生极大的推进作用。保家卫国思想在如今这一和平年代似乎过于遥远,但是我们应该居安思危,应该在高校大学生内心深处树立爱国精神,大力传承和弘扬中华优秀传统文化。在战争年代,很多英雄为了救国救民不惜牺牲自己的生命,这一爱国行为正体现了浓厚的爱国情怀。

(3) 有利于培养高校学生对中华民族的自信心和自豪感

中国拥有着几千年的历史,之所以它能够生存发展至今,其中一大关键就在于民族凝聚力,这也激发了不同时代人们敢于拼搏、勇于斗争的强大力量,其始终作为一大精神支柱隐藏在内心深处。民族凝聚力离不开强烈的民族自豪感,一旦两者脱离关系,那么社会重心也将会产生严重偏移,全国上下人人自危。对于我们中国人而言,中华民族伟大复兴的"中国梦"必须要由也终将由充满斗志的中国人所实现。

改革开放以来,科技进步,经济增长,但我们所倡导的社会主义价值观也正面临西方多元文化思潮的冲击。近几年来,在青年这一群体当中,对西方洋节日的重视程度甚至超越了中国传统节日，更愿意去过西方情人节、圣诞节等。崇洋媚外这一思想在当下高校大学生群体中逐渐蔓延，造成很多高校大学生觉得只有外国的才是最好的，忽略了中国伟大成就，还有部分学生极力否定中华优秀传统文化。在这一背景条件下，如果在高校大学生思想政治教育中有效融合中华优秀传统文化，相信能够及时且有效制止以上形势，这就要求各个高校对传统文化教育高度重视，同时还要针对不同高校大学生群体开展相关主题教育，加强高校大学生爱国主义精神的培育。

(4) 有利于弘扬社会主义核心价值体系

当今世界各国的思想政治教育在内容上有一个共同点就是都强调爱国主义教育。爱国主义是一种意识力量，它是团结全国人民的一面旗帜，是团结全体人民进行共同奋斗的精神支柱。现代社会，利益关系复杂，人的独立性强，只有爱国主义才能把人民团结在一起，克服各种利益冲突，把国家民族的利益放在第一位，实现了国家利益也就保护了个人利益。

中国传统文化包括丰富的爱国主义思想的内容，而爱国主义又是社会主义核心价值体系的核心，因此我们的传统文化教育有利于核心价值体系的教育，传统文化教育中也包含着核心价值观教育的内容。中华民族的民族意识中有爱国主义，民族品格中有爱国主义，民族气质中流露爱国主义。中国传统文化中丰富的爱国主义思想内容及对个人品德修养的要求，都是社会主义核心价值体系重要的思想来源。中国传统文化中的"位卑未敢忘忧国""国家兴亡，匹夫有责"都表现出了中华民族爱国主义精神的优良传统，也是个人道德品质的一个重要表现。在中国历史上，这样的爱国主义精神鼓舞着中华民族优秀儿女为了国家的独立和民族解放而团结在一起，为了祖国的繁荣富强而鞠躬尽瘁。在新的历史时期，虽然是处在和平建设时期，民族自豪感和忧国报国意识也不能丢弃，而应该发扬光大，把爱国主义的情感转化为建设社会主义祖国的报国志向和报国行动，为祖国更加繁荣强大发挥自己的聪明智慧和力量。

（三）中华优秀传统文化与思想政治教育一体化的实现路径

1. 完善中华优秀传统文化与思想政治教育中一体化发展的理念和模式

（1）确立优秀传统文化与思想政治教育一体化发展的理念

想要提高传统文化与高校思想政治教育的融合，必须转变传统的思想政治教育观念，有效实现中华优秀传统文化与思想政治教育的结合。首先，教育工作者要深刻理解中华优秀传统文化的内涵价值，挖掘这些教育价值来实现对传统文化的宣传，有效提高高校大学生对传统文化的关注度，培养当代高校大学生的文化传承意识。教师要引导高校大学生对传统文化和自身发展进行正确思考，逐渐形成对我国传统文化的认同感，积极主动地在课堂教学中感悟传统文化。其次，教师要将中华优秀传统文化有目的地贯穿到思想政治课堂中，改变传统的课堂教学方法，充分突出学生的课堂主体地位，将思想政治教材与传统文化进行有效融合，增强学生在思想政治课堂中的学习效果。最后，高校教师要引导学生转变学习观念，直到他们认识到思想政治内容对自身综合素质的重要作用，借助高校思想政治课堂来提高自身的思想道德修养，通过传统文化培养高校大学生的综合素质，使他们能够在社会发展中发挥良好的个人价值。

①对中国优秀传统文化要有扬弃的继承

炎黄子孙之所以有着强烈的归属感，正是因为中华民族源远流长的传统文化深深地把我们凝聚在一起。但是我们也不能一味地盲目推崇传统文化中的全部内容，因为随着我国国情的变化，社会经济的发展，传统文化中的许多内容早已与当今时代不相匹配，甚至背道而驰。传统文化在当代如何让传承发展，是时代赋予我们的难题。要解决这一难题，最好的办法就是对中国传统文化进行扬弃继承。只有扬弃继承，才能充分展现传统文化的价值，才能充分激发传统文化的生命力。做好扬弃继承，要充分利用新媒体的力量，微博、微信和各种微视频有着庞大的受众群体、极快的传播速度和可观的浏览量，要真正做好扬弃继承还要信息发布者的自律、平台的审查和国家的监管多方面共同努力，让规则成为习惯，为传统文化扬弃继承创造条件。高校是知识传播的重要阵地，要通过高校思想政治教育课程，把中华优秀传统文化中吃苦耐劳、积极上进等优良美德传承下去。传统文化的扬弃继承离不开个人的努力，只有在思想上真正树立良好的传承优秀传统文化的意识，才能在能力上不断充实自己，面对传统文化时才可以做出正确的判断。

②中华对优秀传统文化进行创新性发展

以中华优秀传统文化为底蕴，充分发挥现代社会的创新努力，把优良传统与现代文化形态的新内容相结合，从内容和形式上进行创新性发展。

一方面，是内容的创新，在中华优秀传统文化的内容上与马克思主义理论进行充分融合和创新。另一方面，是传承方式上的创新。面对层出不穷的各种新兴科技，在我们体验新鲜感的同时，不妨把我们优秀的传统文化创新改变为一个更加时尚的方式，让这些古老的文字，变得鲜活可爱起来，在新的时代焕发出新的活力。近两年中国诗词大会、国宝档案等喜闻乐见的电视节目用一种流行时尚的方式，把中国传统文化展现在观众的面前，不仅满足了观众的视听享受，也以一种创新的方式为中华优秀传统文化的传承做出良好的示范。以中央频道播出的经典永流传为例，其中一期把白居易的经典长诗《琵琶行》改编成流行歌曲，不仅是对优秀传统文化的创新性表达，更是让人耳目一新，充分激发了广大群众对于古老的优秀传统文化的学习热情。作为新时代潮流引领者的高校大学生，他们对创新更有话语权，也更加了解青年一代对文化形式与内容的需求，都为他们对于中华优秀传统文化的创新传承奠定了基础，也成为他们不断探索和激发学习热情的动力。

(2) 增加中华优秀传统文化与思想政治教育一体化发展的模式

传统的思想政治教育模式大多为了应付考试，教育形式多为说教式，而这种传统的教育模式的弊端则显而易见，枯燥乏味，不能被学生真正接受，因此，不能够继续作为新时代教育的方法，需要通过创新加以改变。首先，抛弃传统教育寻求创新型教育的目的是减少课堂教育的独立性，将教育与生活融入起来，也能够减少学生学习的负担，提高学习的效率。而创新后的关怀型教育则是注重高校大学生发展过程中的交流，将教育的知识与理念渗入课堂学习中，从而推动学生自主学习能力，提高对理论知识的理解，这是当代高校大学生必须接受的一个发展历程。对比二者，传统的填鸭式教育效果甚微，学生容易出现逆反心理，教育效果不够持久；而新型教育模式则大大提高和激发了学生参与的热情，更有利于培养高校大学生运用中华优秀传统文化有效地解决实际疑难问题的能力。其次，这种教育形式的转变目的也是提升学生整体素质。目前考试成绩是衡量高校大学生的重要指标，而这不是考查学生综合素质的唯一标准，应付考试而学习也不是高校大学生学习的唯一目的，因此，传统的应试教育并不能够培养和教育出综合全面发展的人才。现如今，生活和学习模式也是逐渐多样化，而多样化的出现最终目的都是提高学生的自身能力。

2. 合理选择教学手段

教学手段的合理选择对教学效果有着重要的影响，教师必须充分尊重学生的主体地位，结合学生的学习需求和认知特征来选择课堂教学方式，进一步切实贯彻因材施教的教学理念，构建开放式的课堂学习环境，激发学生的主观能动性。例如，教师要利用小组合作探究的方法来设置与传统文化相关的疑难问题，指导学生以小组为单位，通过社会调研和小组讨论来探究相应疑难问题，也可以通过课堂辩论来实现思维的碰撞，加强学生对中华优秀传统文化的理解。教师要注重结合信息时代发展的背景来突出传统文化的生动性，通过生动的课堂内容来勾起学生的探究兴趣，引导学生在思考和总结的过程中实现思想觉悟的提升。教师可以充分利用网络将高校思想政治课堂打造成弘扬中华优秀传统文化的平台，利用蓝墨云班课等移动教学软件为学生推送实时热点，充分将中华优秀传统文化融入高校思想政治课堂中，通过在线交流为学生提供多种课堂教学手段。

充分利用网络信息技术以"活"化"隔"，创新中华优秀传统文化的表达与传播路径。网络的便捷使得中华优秀传统文化能够以多种样态出现在大家面前，一堂好的思政课能通过网络即时秒传全国，这也为思政课高等院校教师教学改革提供了很好的参考，各学段思政高等院校教师可以通过网络视频的形式即时进行集体交流研讨，在丰富课程素材、充实教学内容的基础上确定所在学段的教学侧重点。

3. 建立高素质的教师队伍

（1）提升思政课教师优秀传统文化素养

高校教师，是辛勤的园丁，也是当代高校大学生成才路上的指导者和引路人。在将新时代传统文化与创新高校大学生思想政治教育相结合的过程中，教师的综合素质对于学生的学习和发展有着很大影响，因此，中华优秀传统文化素质也将是考察教师综合能力的新的指标，这一指标也能够更好地帮助学生学习，同时也可以很好地传承中华优秀传统文化，也能够提升高校大学生思想政治教育的目的。

高等院校思政课教师既是一名传授思想政治理论知识的教师，同时也是我党科学理论和方针政策的宣讲师，要从"对国之大者心中有数"的政治高度，看待中华优秀传统文化教育贯穿国民教育始终的战略。中华优秀传统文化蕴藏着丰富的思政教育资源，是高等院校思政课教师提升自身人格修为、引导学生形成健全的人格的精神动力。中华优秀传统文化是广大高等院校思政课教师锤炼自身思想道德品质的营养剂，也是教育引导学生向上向善向先贤学习的素材宝库，其对学生来讲更具有可信度和说服力。因此，所有学段的高等院校思政课教师要坚定中华优秀传统文化自信，不断用传统文化丰富乃至超越传统的职业内涵，在立己达人的螺旋上升中，用自己良好传统文化观，加强对学生中华优秀传统文化教育，把学生塑造成有国家文化信仰的一代新人。

（2）完善优秀传统文化方面的教师评估机制

教师评估机制的创新，要在现有的教学实践中进行。对于评估机制的制定，考察因素较多，不仅涉及教师的实际教育质量，还有学生的实际学习情况，要二者综合考虑再进行评估机制的改进。细化来说，在进行中华优秀传统文化与高校大学生思想政治教育相融合时要以具体的情况进行考察，要切实把握学生的实际接受程度，在制定评估机制时，一定要深入课堂一线，听取广大高校大学生和高校教师意见，同时结合中华优秀传统文化育人效果，考察其对于高校大学生的影响，进而制定评估机制。创新教育评估机制是一个长期的、系统的工程，所以要坚持实事求是的作风，一切从实际出发，联合多方力量协调进行。

4. 组织传统文化实践活动

借助社会和生活开展教育是陶行知的重要教学思想，其对高校思想政治教学具有很强的指导价值。中华优秀传统文化与高校思想政治课堂的融合，能够帮助学生深刻认识到传统文化的魅力和价值，将传统文化融入实践活动中，能够使传统文化更加贴近生活实践，使学生对传统文化拥有更加深刻的理解。在开展传统文化理论知识的学习过程中，教师可以利用文艺活动和社会实践等多种校园活动开展教育教学，也可以邀请一些优秀的教育名家来校进行专题讲座，通过各种学术研讨会增强学生对传统文化的认识，使当代高校大学生通过高校思想政治课堂感受到中华优秀传统文化的精神力量,在思想政治课堂的学习过程中获得良好的精神感悟,使他们树立正确的社会价值观。

社团活动是大学生的高校生活中的重要组成部分,占用了大学生大量的课余时间,充分运用好高校各种社团活动,对于中华优秀传统文化在高校的传承有着重要的作用。这种潜移默化的、非强制性的影响方式,不仅能够吸引真正热爱优秀传统文化的大学生,还能通过社团活动的影响力吸引更多大学生加入传承中华优秀传统文化的集体中去。在具体实践中可以是学校组织的传统意义上的社团活动,也可以是具有时代特色的新型社团活动。多种多样的社团活动的开展在丰富大学生课余生活的同时,达到传承和弘扬中华优秀传统文化的目的。对不同社团活动类型进行简单划分,可以分为传统型文化类社团活动、传统节日等民族性社团活动和具有现代特色的创新性社团活动。

首先是传统型文化类的社团活动,这类活动在高校之中较为普遍,一般以读书会、文化沙龙、演讲比赛和图书漂流等形式展开,通过直接接触优秀传统文化的内容,触发大学生的思考,以达到传承优秀传统文化的目的,这类活动具有一定的文学性,对参与者的文学素养要求较高,因此参与者多为相关专业或者热爱优秀传统文化的大学生,总体来说参与度较低。其次是传统节日相关的文化活动,比如端午赛龙舟、冬至节包饺子等,可以挖掘传统节日的活动形式以及风俗习惯,使大学生体验不同的活动方式和风俗。这类校园活动专业性较低,大学生的参与度较高,不仅能够让学生感受节日的氛围,而且也达到了传承优秀传统文化的目的。最后是高校中一些具有时代特色的创新性社团活动,比如说一些表演优秀传统文化中文学作品的话剧社,还有在漫画社中变化而来的针对中国古代人物进行的角色扮演,通过穿汉服、行汉礼等新颖的活动形式,吸引人的眼球,把中华优秀传统文化与时代流行元素相结合,让传承优秀传统文化的形式更加符合大学生的需求。

5. 营造中华优秀传统文化进校园的浓厚氛围

(1) 重视大学校园文化中传统文化的建设随着社会发展,世界经济的一体化进程,这个时代对高校大学生的思想政治教育有了更高的要求,这就要求我们迫切探寻新的高校思想政治教育的新形式,来满足教学改革的目标和任务。其中,工作中最重要的环节、最重要的实施手段以及最有效的措施就是创造优秀传统文化这一育人环境。文化，归结来说某一地区或国家的人养成的习惯和风俗，这与其所处的环境密不可分。高校是高校大学生成长的重要场所，其环境也对高校大学生的成长有着至关重要的作用，特别是其特有的文化底蕴和浓厚的学习氛围，都是影响高校大学生思想政治教育活动的关键因素。只有具备良好的学习氛围，构建完善的高校思想政治教育体系，才能够进一步促进高校大学生的健康成长成才，所以，高校必须强化自己的价值理念，丰富自己的文化水平，提升整体文化素养。从外观角度来看，高校的建筑也有相对应的环境要求，应当强化硬件设施，适当提高校园的文化氛围，促使高校大学生在包容、浓郁的学习氛围中学到知识，同时提高学生有效地解决疑难问题的能力。在校园环境建设时，高校应从实际情况出发，在条件允许的情况下尽可能多地融入优秀传统文化元素，构建蕴含丰富优秀传统文化元素的软硬件校园环境。比如，修建优秀传统文化景观、古代和近代文化先贤大儒的雕像、在显目位置镌刻经典名言警句等，拉近高校学生与中华优秀传统文化的距离，达到"润物细无声"的教化效果。

　　同时，创造轻松易于学习的文化氛围，激发学生们的好奇心和求知精神，开展不同类型、形式各异的文化实践活动。同时，在实践过程中培养高校大学生的文化创新精神，尽早实现对高校大学生思想政治的教育。(2) 传播正确的中华优秀传统文化的正能量在一定的范围内，接触正确的、积极向上的文化，就会对非理性、不真实的东西具有辨识力。所以，我们要在全社会范围内传播中华优秀传统文化的正能量。在社会中发扬和树立优秀的中华优秀传统文化的典型人和事，推动全体社会公民共同学习典型的活动和比赛，例如：宣扬反恐活动，开展诚实守信、自立自强等传统美德的典型。除了树立这些典型模范，还要重视揭露和批判社会存在的封建迷信活动，并将中华优秀传统文化与封建迷信活动二者区分开来。要合理利用中华优秀传统文化教育和培养年轻人，避免封建迷信活动来毒害国人。

　　(3) 积极开辟舆论宣传新阵地高校学生由于社会经历和人生阅历的不足，高校学生的世界观、人生观和价值观还未最终成型，对纷繁多变的世界缺乏准确的判断能力，这就导致他们的思想极易受到外界因素的影响。随着现代信息技术的发展，使得思想文化的传播速度、途径和方式较之以前有了翻天覆地的变化。新的信息传播载体符合时代发展趋势，容易被高校学生群体所接受。要在充分利用传统媒体的基础上，主动利用自媒体、新媒体抢占舆论宣传阵地，把握舆论宣传主动权，发挥它们在优秀传统文化融入高校学生思想政治教育中的作用。

当前，网络成为高校学生获取信息的主要来源，特别是在手机、平板电脑等移动信息终端日益普及的情况下，更是如此。手机、平板电脑等移动信息终端不仅是社会大众每天都离不开的产品，也成为高校学生每天须臾不离的对外联系的窗口。各高校可以充分借助已有的网站、论坛等媒介，通加大优秀传统文化的学习交流，引导学生主动参与到中华优秀传统文化的学习中来，而非被动地学习。

高校要充分利用网上阅览室、网上图书馆等网络文化资源，并根据实践需要开发建设新的网络文化资源，巩固网络文化矩阵，强化网络宣传阵地。高校可联合党委宣传部门、党支部、团委、学生会等党团社团组织，开发一些高校学生喜闻乐见的、包含优秀传统文化元素的网站、游戏软件、聊天软件等，吸引学生进驻，实现寓教于乐。

此外，作为一种应尽的责任，网络主管部门和高校应高度重视网络对高校学生的影响，加大对网络的监管力度，净化网络环境，特别是净化校园网络化境，营造健康而又积极向上的校园网络文化氛围，营造良好网络环境。

（4）加强图书馆的建设与利用

从图书馆等教育载体出发，合理优化高校图书馆的文化环境。要可以为广大师生查找资料和书籍提供最大限度的自由，以更加高效地完成查找工作。同时，也要充分利用好现代科技，配置方便读者使用的设备。图书馆的服务质量也是十分重要的一个部分，首要原则就是以人为本，要做到尊重知识和人才，只有更加人性化的图书馆的阅读和学习环境，才能够吸引大学生的阅读兴趣，进而才能对优秀传统文化进行弘扬和传承。

第三节　高校思想政治教育育人体系一体化的氛围建设

一、建设和发展高校校园文化

（一）高校校园文化的作用

1. 塑造学校的良好形象

一所学校的形象展现，对于学校外的公众来说，不仅会通过对学校的表面观察来判断，还会去感知这所学校的内在精神和文化感知，以此确立这所形象在公众心里的形象。因此，校园文化作为学校的内在精神和文化的集合，其中的一些优秀人物形象以及一些标志性建筑，都对公众乃至全体社会发挥着很强的示范作用。例如，包括教师和一些名人，以及散落在校园内的各种书画、水墨画，特别是历史名人雕塑、碑亭等文化景观。和谐的大学校园文化可以塑造学校的良好形象，提高学校的声誉和知名度，从内到外最大化学校的良好形象。

2. 对学生进行教育和导向

我国对高校校园文化的基本要求是必须要体现健康向上、生动活泼的内容。这是因为，健康向上、生动活泼的校园文化能够对全体师生员工的思想觉悟和认知能力有所提高，进而塑造和培养其美好的心灵。现如今，由于每个人身处的工作环境、家庭环境和社会环境不同，这就会对他们的人生观、价值观以及世界观造成不同程度的差异性。如今全球化趋势的加强，市场经济的冲击，信息时代到来，给全体社会成员带来了形形色色的信息的同时，也使人们受到了一些低俗文化思想的负面影响，社会上随之也出现了一些腐败现象。因此，这些都需要发挥校园文化价值取向的导向作用对公众进行引领，启迪他们的思想，从而使其树立正确的人生观、价值观、世界观，这强烈地体现了校园文化价值取向的导向功能。

3. 不断提升高校的文化品位

对于学校来说，其校园文化品位主要会在学校的办学理念、学习氛围、学术水平、管理氛围、校风等方面体现出来。学生在校园里最便于体验的就是学校的文化品位，学校所展现出来的文化品位越高，就说明学校的水平越高。并且，文化品位会形成一种无形且强大的力量，在学校的方方面面渗透开来，潜移默化地影响着全体成员的文化品位，对其产生一种其他专业课程无法比拟的深刻的影响。因此，建设完善的校园文化，可以使学校的文化品位得到不断的提高。

（二）建立健全校园文化设施

校园文化设施先进齐全，校园文化环境优美恬雅，为校园文化活动井然有序地开展创造了便利的物质条件，也标志着整个学校文化建设与发展的水平。因此，校园文化设施的健全和校园文化环境的构筑，是建设校园文化过程中不能遗漏的重要组成部分。高校要科学规划，加大有关方面的资金投入力度，使各类文化设施不断完善，如图书馆、校史馆、电教馆、实验室、音乐厅、学术报告厅、体育馆、计算机中心、博物馆等。高校可利用这些场所来开展多姿多彩的有教育意义的校园文化活动，满足大学生的精神文化生活需求，丰富他们的精神世界。

同时，还应对校园进行合理布局，在绿化美化校园中形成自己独特的文化向心力，使大学生在一个积极向上的校园文化氛围中学习生活。可以从对学生情操的陶冶和综合素质的提高视角出发并结合高校自身发展的历史变迁情况，搞好校园景观建筑、建设好园林绿化、装饰好教学楼等，让整个校园散发出迷人芳香、充满青春活力，成为一个既美观舒适又和谐宁静的校园生活圣地，用这种物态无言的方式感染和影响着每名学生，从而达到无声胜有声的育人目的。

（三）营造民主氛围

在校园文化中营造民主氛围，就是要让高校重大决策的透明度、公开性大大增加，鼓励师生参与重大决策的讨论，应当广泛征集或采纳他们的意见和建议，使师生的声音和意愿更好地在高校的重大决策中得以真实准确地反映；还可以建立畅通地学校领导与师生间的联系渠道，例如实行校长网上接待日，设置师生监督岗、长期设立意见箱等，通过这些措施双方以充分交流意见，进一步激发师生的精神动力、主人意识与归属感。同时，要按照民主的原则来组织具体的校园文化活动和社团活动，处理问题、解决事情也要通过民主程序，这样使学生的民主观念得到训练和培养。民主氛围的营造，是师生在建设和发展校园文化中积极参与的基本条件，也是建设和发展校园文化使其平稳推进的重要保证，因此，下大力气营造浓厚的民主氛围是必要的，师生精神世界的丰富也需要以此为依托。在建设和发展校园文化中要充分发挥师生的作用，鼓励学有专长的教师以导师身份参与到校园文化活动中来，帮助学生编排健康有益的文化体育活动，善于将传统节日、重大事件等元素融于其中，经常给予学生指导或建议，不断提高校园文化活动品质。与此同时，要增加这些活动对学生的吸引力和感染力，使越来越多的大学生愿意加入到校园文化活动队伍里，这不仅可以让学生从中得到锻炼，还可以让学生的精神世界不再空虚，借以提升建设和发展校园文化的水平。

（四）加强校园网络建设与管理

1. 引导学生正确利用网络文化

高校学生的可塑性是非常强的，当某一新事物出现时，或接受或排斥，他们都能以最快的速度做出选择，而且以超强的驾驭能力去适应它。网络资源的丰富和获取信息的便捷，推动了社会的进步和高校校园文化的建设，但是它所带来的腐朽文化也侵蚀高校学生的身心。因此，高校可专门设置网络课程，教育引导学生正确利用网络文化，利用网络文化培养高校学生的自立和创新精神，帮助他们正确了解、客观分析他们所处时代的环境和背景。高校学生也通过网络上及时而丰富的信息资源，开阔视野，提高参与社会事务的管理能力。

2. 培养校园网络文化建设的管理人员

网络迅速发展的社会背景下，培养一支具备较高政治理论素养且精通高校思想政治理论课传授工作、网络技术的校园网络文化管理人员，是利用网络文化开展传授工作的保证。传授主体需要积极参与理论学习、实践锻炼，从而使自身具备较强的信息分辨意识、高超的信息处理能力、高尚的信息伦理道德，增强自身的信息素质，使自身符合校园网络文化建设管理人员的要求。

3. 建立本校独特的网络体系

网络平台上的信息质量良莠不齐,为了保证在校师生所接触的网络内容积极、健康,高校可以建立校园网,利用校园网的吸引力、感召力和渗透力来丰富广大师生的校园网络文化生活。可以根据当下某一新闻热点,在网络上开展在线访谈活动,让师生各抒己见;组织网络红色文化艺术节,让更多的人了解中华民族的传统文化,使高校学生更加热爱自己的祖国和学校。同时,也可以在网络上建立一些心理辅导、创业就业等栏目,对高校学生的生活和思想加强关爱和关心。大学校园网的建立致力于成为广大师生学习知识、获取信息、表达思想的重要渠道,使网络给高校学生带来优秀的文化和更多的正能量,使之成为高校学生自立自强的好帮手,思想情感的好朋友。

4. 加强校园网络资源的管控力度

高校应设立专门的岗位对网上各种信息进行筛选、整理,重视网络体系的日常维护,要保证校园网络资源的"纯洁",从而推动网络管理体系的健全发展,同时,努力建设一支整体素养较高的网络管理队伍和评论员制度。

二、加强家校联系,开展家校共育

家庭作为大学生生活和实践的重要场所,其成员对高校思政课程的态度影响着大学生对此课程的认知。良好的家庭认同氛围的构建可以以"润物细无声"的隐性教育方式引导着大学生对思政课程的认同。

奥地利著名的人本主义心理学家阿德勒认为,幸福的人用童年治愈一生,不幸的人用一生治愈童年。学生在进入学校接受教育之前,家庭教育已经在他们身上留下了深深的烙印,这些烙印也许有利于学生的道德发展、人格完善;反之,则不利于学生的成长。而这些家庭教育的信息需要思想政治课教师与学生家庭进行深入的沟通交流才能更加全面地掌握。因此,思想政治课教师可以通过实地家访、电话沟通、开家长会等形式与学生家长进行信息交换,制定更完善的学生德育计划,促进学生的健康发展。

　　家庭教育对子女具有得天独厚的亲和力和深远持久的影响力，因此，家长要注重家庭教育环境的构建，以此为子女的健康成长创造良好的家庭环境，具体可以从以下三个方面来努力：其一，家长对高校思政课程的态度是子女正确定位此课程地位的重要参考因素，因此，家长要改变传统观念中思想政治课程是"副科"、学不学无所谓的错误观念，树立正确的成才观，正确认识和定位此课程在子女德育培养和能力提升中的重要作用。其二，大学生对事物和行为的辨析能力还有待提升，非常容易把家长的言行作为他们模仿的对象，因此，家长要严格要求自己，以身作则，给子女的道德培养做好道德示范。其三，建立家长、学校、教师沟通机制，及时掌握和熟知子女的思想状况和行为表现，一旦发现问题，通过双方共同努力，及时帮助子女纠正错误观念和行为，保证子女沿着正规的路径前行和成长，同时也能通过这种方式让子女进一步感受到家长对该课程的重视，提高他们的学习动力。

三、拓展社会实践，开展和谐的社会互动活动

　　学生通过学科学习而逐步形成的正确价值观念、必备品格和关键能力，都需在社会实践中得到检验并不断发展完善。比如，厚植爱国情怀是思想政治课的重要功能，师生既可以在教师环境中开展教学活动，深化学生对祖国的情感，也可以带领学生祭拜革命烈士、参观战争博物馆等，深入了解国家曾遭受的苦难、更真切的感受革命先烈的大无畏精神，树立为国奉献一生的志向。因此，根据教学内容需要，适当地开展社会实践活动，充分利用当地的教学资源，加强学生与社会的互动，有利于拓宽学生视野，深化学生的乡土情怀，培育学生的爱国情感。

　　在社会实践中，社会风气的好坏在很大程度上会对思政社会实践效果产生影响。社会风气和社会环境的好坏影响着大学生对高校思政课程的认同，因此，整个国家、社会和各个部门要协同努力，共同来为大学生养成过硬的思想政治素质和正确的价值观念提供一个良好的社会认同氛围。净化社会不良环境具体可以从以下三个方面来着。

　　首先，针对目前社会上出现的贪污腐败、非法经营和网络乱象等社会

问题，党和政府要进一步加强廉政作风建设，严打行贿受贿、贪污腐败现象，完善法律法规和多途径监督机制，打击违反诚信经营、偷税漏税等犯罪行为，加强对网络的监督和管理，以赢得大学生对党和政府的信任，进而增加他们对思政课程教材内容的认同。其次，针对严峻的就业形势，党和政府要在想方设法增加就业的同时进一步贯彻落实"大众创业，万众创新"政策，鼓励有意愿的大学生进行创业，并给予他们最大限度的政策和资金支持，以缓解就业压力。最后，针对西方不良思想的侵蚀，党和政府要进一步加强国家意识形态安全防范意识。党和政府要加强对报刊、影视和互联网等大众传媒的管理，并充分利用大众传媒传播速度快、覆盖面积广的特点，加大对社会主义核心价值观和体现社会正能量的人和事进行宣传，以正面人物和先进事迹传递正能量的效果，进而形成良好的社会风气和社会德育环境。

第四章 互联网+时代思政课程的一体化建设

互联网的发展对思政课程带来了深刻的影响，本章分为三个小节，第一节阐述了互联网+时代思政教育一体化的机遇与挑战，第二节探讨了基于互联网平台的思政课程的一体化建设路径，第三节对互联网+时代思政课程师资队伍的一体化建设给出了可行性建议。

第一节 互联网+时代思政教育一体化的机遇与挑战

一、互联网+时代高校思想政治教育一体化的机遇

（一）教育理念更加开放

任何教育理念都不是凭空产生的，都有一定的现实基础。互联网的发展使得高校学生获取信息的渠道拓宽了、速度提升了，互联网打破过去传统媒体对信息的垄断，高校学生能够自主选择信息和知识，而不是被迫接受。传统的教学时空限制与校际隔阂被彻底打破，高校的"围墙"正在逐渐消失。教育过程既要有启动环节也要有跟踪反馈，既要有效果自评也要有效果他评，不能教育者一个人自弹自唱独角戏。

（二）教育主客体地位平等

在传统思政课堂中，思政课教师以单向思维模式掌控着整个教育过

程，按照其既定的教育方式和教育内容，对高校学生进行信息传递和价值灌输。这种一元教育格局在信息闭塞、教育资料单一的时期收到了较好的效果。"互联网+"时代，信息的生产、传播、获取方式跟之前已经大不相同，迅猛的科学技术和多样的学习媒介使得高校学生突破时间和空间的限制，实现自主学习。当下，我们思想政治教育者面对的高校学生是"00后"，他们学习力强，善于在网上展示观点、交流思想、表达诉求。

面对互联网上即时生产的层出不穷的信息，高校学生和教育者都是平等的接收者，甚至部分具有超前学习意识的学生，其通过互联网所得到的知识储备比教育者还要多。互联网打破了教育者在资源获取方面的权威性和地位的中心性，缩小了教育者和受教育者的知识差距，为二者平等交流提供了可能。地位的平等让教育者获得更多尊重，也让受教育者更好地吐露心声，内心的诉求及时得到关切和回应。

互联网的发展使得学生有困难可以和老师线上沟通交流，在这里创造了师生平等的空间，学生获得充分的话语权。互联网也促进了师生教育观念的双向互动交流，随时随地进行交流互动、信息共享和情感宣泄。

（三）教育内容更加多元

当今时代，互联网当之无愧地成为全世界信息传播最大最快的平台，网络信息资源多元多变、形式多样、快速无界，使思想政治教育的内容从封闭逐渐走向开放。这满足了高校学生的知识延展、个性张扬、兴趣培养。但是随着信息数量的剧增，流速的加快，不可避免地出现了信息泛滥、良莠不齐的现象，对高校思想政治教育提出了更大挑战。

"互联网+"时代，思政课教学不再囿于固化的课本知识，突破了传统教学内容的有限性和被动性，高校学生可以在获取最新的信息资源后，对突发热点新闻事件等进行实时的讨论，不再受到课堂固定设置的内容的局限。这极大提高了高校学生的学习热情和主动性。教育者可利用网络的丰富性，创新高等学校思想政治教育工作的教学内容；可以通过影视资料让高等院校的学生去了解历史，了解思想政治教育管理工作的内容；可以通过增加动态图、图文资料等方式调动学生学习的积极性。

学校使用大数据云技术平台，将纷繁复杂的教学资源、教学教务、教研课改、校园安全等校内日常应用转变为智能化、个性化、多终端兼容性应用，能够使用户获得更好的体验，云平台给广大学子提供了一个包容性的学习平台。数字化的线上学习平台、微课等网络课程阵地，使教学延伸至课堂之外，实现师生线上线下随时互动，使思想政治教育课堂活跃起来。

开放的教育资源也对思想政治教育带来了更大挑战，因其打破了原有的知识垄断格局，就导致了传统思想政治教育的可控性降低，数不胜数的教育资源让高校思想政治教育得以充分延展的同时，也打破了固有的文化欣赏习惯，在这种复杂的文化碰撞中，教育者需要坚持灌输原则，牢牢掌握意识形态在网络空间的主导权和话语权。

（四）教育方式更加丰富

传统思想政治课教学围绕课堂展开，虽然传统课堂具备了成熟的教育理论和教育方法，但是其传播渠道单一，传播范围极其有限，学生学习兴趣不高等弊端也逐渐显现，这种被动接受的大班授课模式学生并不喜欢，因材施教成为一句空话。

正当教育者捉襟见肘时，"互联网+"教育的崛起改变了这种机械式的灌输方式。教师可以通过慕课、微课、教育 App、云课堂教学等多样化的方式，深度整合教育资源。而网络中的教学数据可以帮助思政课教师更好地了解高校学生的态度、认真程度、理论学习情况，从而因材施教。

信息化环境下的高校思政课教学工作者要逐步开始尝试采用现代化教学技术实行多元化的教学手段改革，如多媒体课件教学、移动媒体平台终端教学等。多媒体课件教学，在思政课课堂内时可以以自编自创的讲义为蓝本，通过利用互联网网络教学的丰富资源包括最新的发展形势、图片和案例等丰富的音像资料来充实理论性知识、抽象的概念和乏味的资料以丰富思政课教学的内容。根据教学目的，把教学内容所波及的事物以形声统一、试听并用的形式形象的展示出来。

（五）教育反馈更加及时

四通八达的网络在教育者和高校学生之间架起了互动的"桥梁"，教育者利用大数据、云计算、人工智能等技术手段，通过网上数据分析，可以快捷正确的把握学生的最新思想动态、心理困惑和行为特点，从而及时与学生交流信息沟通思想，解答心理困惑，改变不良行为，建立和谐亲密的师生关系。此外，微博、微信、QQ等软件为加强师生的了解提供了媒介，拉近了师生的距离，有助于教育者实时跟踪学生思想变化、情感痛点、行为表现，有助于快速全面地观察，前瞻性地做好思想政治教育

二、互联网+时代高校思想政治教育一体化的挑战

（一）由海量化信息所产生的副作用

海量化信息具备自身特殊性，受众在面对时易感到迷乱，难以辨清信息的真伪。而高校学生在面对这些海量信息时，缺乏主动思索且易遭受诱惑，从而对高校学生正确价值观念与品质理念的创建有着直接影响，这无疑背离了高校思政教育教授的价值观，影响了教学成效，弱化了思政教育能力。

（二）对思政课教育工作者地位的冲击

网络信息具有及时性的特征。由于我国的基础理论已经基本完成，思想政治教育工作者往往会认为思想政治教育理论工作方式固定、内容稳定。理论具有社会实践性，之所以成为国家建设的基础理论是因为它可以跟随时代脚步、共同进步。高等学校的老师应当突破这种思想僵局，不断更新理论，适应时代发展。在课余时间多关注当代学生所思所想，用他们的视角、他们的语言去审视这个问题，理论来源于学生生活并服务于学生生活。

同时，角色转换不适应也是一个问题。"互联网+"为教育主客体平等关系的塑造创造了条件，但也给教育者带来了巨大挑战。一方面，高等院校教师的权威性面临挑战，大学生和高等院校教师实时接收互联网信息，高等院校教师在传统教学时代可以提前备课、提前掌握资料的情况受到挑战。大学生已经成年，他们往往对突发事件有浓厚的兴趣，喜欢在网上关注其最新动态，获取了一手的讯息后又往往表现出不满足的态度，于是，他们会在现实空间里与舍友、同学等探讨、交流、沟通、碰撞，对突发事件、热点新闻等形成较深入的认识，引发出更深刻的思考和问题，在此基

础上再向老师发问渴望得到老师的专业解答,这种积极探索的学习导致高校思政课高等院校教师的权威在一定程度上减弱,高等院校教师的知识架构和应急能力受到较大挑战。

而且,相关工作者的工作压力可能会增大。互联网时代的高校思想政治教育,早已突破了固有的45分钟界限,而变成了全天候的思想回应,解惑释疑。高等院校教师的工作变得更加细化和复杂。在备课内容上,传统课堂时代,高等院校教师的备课主要是备知识,而互联网时代备课除了备知识,高等院校教师还需要投入更多的精力去预测和前瞻各种可能,还要随时随地在"网上"和"网下"解答大学生的困惑,如果一味地不去关注和理睬,任由其滞延,可能会带来严重的后果。这样,就会占用老师大量的精力。在教学手段上,高等院校教师要及时地掌握各种应用最新的功能并有效利用,这也是对高等院校教师的巨大考验。以疫情防控期间的线上上课为例,高等院校教师要提前建立微信群、QQ群等和学生形成互动,还要在钉钉、腾讯会议、腾讯课堂、雨课堂、超星学习通等一些平台建构课程,对老高等院校教师的用网能力是一种考验。

(三)对传统思政教育方法的冲击

网络时代,人们的交流方式有了很大的变化。电话发明之前人们是通过书信的方式交流,有了电话之后打电话成为新的主要的交流方式,然而随着微博微信等及时聊天软件的出现,人们可以看到对方细微表情和声音的变化,传统的思想政治教育同样如此。传统的教育方式主要以老师的说教为主,学生与老师交流沟通较为困难。网络的出现就拓展了学生的知识面。由于网络具有共享性,老师在课堂分享某条信息的时候,学生可能更能了解事情的原委始末,比老师更有话语权。

高等院校的学生处于青春期,对新鲜事物的好奇是这个年龄段该有特征。高等学校的思想政治教育工作要时刻保持新鲜,多与时政新闻挂钩、多与热点事件联系,保持授课内容新鲜、新颖,使学生自发产生学习的兴趣与冲动。为此,保持思想政治教育工作内容的新颖性成为多数高校教育者所要讨论的重要课题。

(四)思政课教学技术应用面临伦理问题

在网络助力思想政治理论课发展过程中,思想政治理论课的技术应用问题随之暴露出来。首先，技术带来的便捷性优势与面临的隐私风险难以平衡。思想政治理论课技术应用缺少审视，媒体技术大行其道，对于技术可靠性以及技术安全与维修等修缮措施欠缺，网络安全问题会对思想政治理论课教学造成一定的影响，例如，各类手机应用软件在课程教学使用中可能造成隐私的泄露、重要教育信息资源丢失等问题。其次，网络硬件题存在的隐患影响思想政治理论课的正常教学，在日常教学中，大数据网络瘫痪、故障等现象难免发生，维修人员并不能每次都及时解决，这就会导致教学课程的中断，不利于教师上课、学生学习的连贯性。

（五）对社会道德标准的冲击

"互联网+"背景下高校学生的思想意识中一些事物均可被游戏化，而这同时也包括社会道德标准。例如，当下有部分高校学生在遇到别人需要帮助的情况时，只要事件与自己没有任何关系便不会去帮助别人，甚至还有一些高校学生会在一些新媒体公众平台上大放厥词表示道德素质无足轻重，而中华民族传承已久的良好品质也逐渐成为某些学生调侃的对象。由此可见，在互联网+背景下，社会道德明显出现了被游戏化的现象，高校学生道德素质的培养已然成为现今至关重要的话题。

（六）思政育人内容和环境复杂化

信息技术和网络改变了高等院校的学生的思考方式与行为方式，当他们在现实生活中遇到问题与挑战的时候，部分高等院校的学生会选择沉溺于网络逃避现实。长此以往，其人际沟通越来越少，甚至走向自闭。网络仅仅是一个工具，是使我们更好地与人交流的平台，不能因为自己的自我管控能力低导致本末倒置。思想政治教育是双向的，教育者与学生要互动起来，经过思想的碰撞，才可使思想政治教育取得丰硕成果，并运用于实际形成良性循环。如果学生一味沉迷网络，不思进取，不仅是对自己人生的不负责，更是会增加思想政治教育管理工作的难度。

党的十八大以来，习近平总书记多次谈及互联网的重要性，2015年12月16日，习近平总书记在浙江省乌镇视察"互联网之光"博览会时指出：互联网给人们的生产生活带来巨大变化，对很多领域的创新发展起到很强带动作用。我们要用好互联网带来的重大机遇,深入实施创新驱动发展战略①。同日,在第二届世界互联网大会浙江省乌镇开幕式上,习近平总书记表示,"十三五"时期,中国将大力实施"互联网+"行动计划,促进互联网和经济社会融合发展②。习近平总书记关于互联网发展的重要思想,尤其是关于"十三五"时期大力实施"互联网+"行动计划的重要论述,成为推动互联网与经济社会各方面深度融合发展的重要指引思想,在这样的背景下,我国高等学校意识形态教育也探索实践了"互联网+"教育。

但互联网+教育作为一种伴随着互联网发展而出现的新教育模式并未改变教育的本质,它只是教育模式的革新,这种革新,一方面随之而来的是其作为新生事物对教育发展所具有的积极效应,另一方面问题也纷至沓来。总的来说,互联网+教育对我国高等学校意识形态教育的挑战,以及本身可能带来的问题,具体如下。

第一,传统课堂转型出现阶段性"真空期"。教育模式的革新和转型发展使得高等学校意识形态教育的相关参与主体会出现转型期特有的无所适从,那么,在这个无所适从期,教育能否高效开展得打上问号。

第二,围绕传统课堂打造的一整套教育服务、管理系统意味着逐渐失去市场,而新的适配互联网+教育模式的服务管理系统的建立及完善尚需时日,这也会招致教育能否正常开展的问题。

第三,互联网+教育对高等院校教师提出的要求与高等院校教师已有的根深蒂固的教育模式与能力不匹配之间的矛盾。无论教育模式如何更新,高等院校教师都始终承担着对知识的系统传授、教育模式和方法的践行的主体角色,但事实上,互联网+教育模式作为一种新的教育模式,它的推行会不可避免地遇到这样的阻力。从已有的专职高等院校教师配备来看,35岁及以上年龄的高等院校教师仍然是公共思想政治教育课教育的主力军,他们在公共思想政治教育课教育的课堂上经过长期的教育实践,在心里已经形成一整套关于传统课堂教学的经验,且这种经验作为其执教生涯的专研累积其认为是有效可行的,这样,部分高等院校教师便会对互联网+教育存在抵触心理,在教学中坚持自己在传统课堂里累积起来的那一套教学方法,就算是迫于改革压力,他们仍然会只是在形式上做一下践行

---

① 习近平总书记在"互联网之光"博览会上的讲话
② 习近平总书记在第二届世界互联网大会博览会上的讲话

互联网+教育的样子。另一种情况是，互联网+教育具有一定的技能要求，从课件制作到课程讲授，都需要掌握相应的互联网、APP、终端操作技能，而这些要求对于部分年龄较大的高等院校教师来说，由于他们在适学年龄段这些技能学习的缺失（那时候是根本没有互联网+），导致他们不能胜任互联网+教育的相关技能要求，这无疑会影响教育的有序、有效开展。

第四，互联网+教育所造成的知识碎片化问题以及对学生自觉性的考验。以慕课为例，慕课录制通常围绕某个知识点并脱离特有的教学场域进行，如此一来，系统的教育知识点被慕课小视屏分割为支离破碎的点，加之这一过程中学生是脱离高等院校教师有效监督的，学生会认真去学习每一个视频吗？从实际来看，部分学生自制力差、自觉性不够，在这段可自由支配的时间里都会去做一些自己喜欢的事情，譬如，上网、玩游戏，还有部分同学则分心从事其他事情，这样，连一些自觉学习的学生也会受到这种不良风气的影响，可见，这样的教育能够达到教育目标吗？显然不能。

第五，互联网+背景下高等学校意识形态教育安全存在威胁。互联网时代，多元文化意识形态传播的网络化对高等学校意识形态教育安全造成外部冲击，包括：一是西方价值观念的渗透，西方通过各种思潮传播冲击主流意识形态。二是网络文化的挑战：网络文化产品入侵，侵蚀国家主流文化；网络偶像崇拜主义盛行，影响价值选择与判断；网络流行语、网络表情包疯传，淡化核心价值观念；三是舆论负能量的冲击：舆论谣言的扩散，动摇政治信仰；舆论暴力的产生，削弱共同思想政治基础。

第二节　基于互联网平台的思政课程的一体化建设

一、大数据与思想政治理论课的一体化建设

大数据不仅推动社会体系发生变革，也使教育体系在思维、结构、方式等方面发生重大转向与变革，从而助推思想政治教育理念、方法等方面

的革新。但事物发展往往具有两面性：一方面，信息技术与教育的视域融合为思想政治理论课教学注入了新鲜血液；另一方面，我国高校的思想政治理论课自身存在的劣势制约了它的发展速度，必须正面分析并予以解决。

（一）大数据与高校思想政治理论课一体化的优势

大数据已经成为信息时代发展的主题。随着国家大数据战略的实施，各高校信息平台也相继完善，加之学生网络化生存的逐步渗透，大数据已由概念推广逐步发展到实践应用阶段，在课堂教学实践中为师生良性互动创造有利条件。

1. 促进思政课教学观念革新

思想政治理论课是教育者在全面了解大学生思想动态和行为表现的前提下，为达到一定的教育目的，对大学生不完善的道德观念、政治观点进行正确的指导教育。大数据在思想政治理论课领域的应用，为教师全面了解学生的思想动态和行为表现提供了便捷途径，也促进了师生教育观念的双向互动交流。

2. 拓展思政课教学内容，教学模式更加灵活

学校使用大数据云技术平台，将纷繁复杂的教学资源、教学教务、教研课改、校园安全等校内日常应用转变为智能化、个性化、多终端兼容性应用，能够使用户获得更好的体验。云平台给广大学子提供了一个包容性的学习平台，在课程评价方面，学生使用大数据的学习分析技术，可以对自己知识水平的掌握程度进行科学化的测评。就高校思想政治理论课教学来说，应该建立思想政治理论精品课程网站、数字化的线上学习平台、微课等网络课程阵地，使教学延伸至课堂之外，实现师生线上线下随时互动，使思想政治教育课堂活跃起来。

3. 打破时空限制，促进思政课教学资源公平分配

大数据突破了传统空间的概念，促进了思想政治理论课资源的即时共享，思想政治理论课工作者在提升自身的同时也需要对学生因材施教，教育主客体双向提升。同时，大数据打破了时间界限，学生可以根据自身实际情况、兴趣爱好开展学习，建立属于自己的科学的学习计划，不断提高控制自我、战胜挫折的能力，更好地在学习中得到提升。

4. 激发学生参与热情，有效提升教学实效性

大数据介入的教学模式运用大数据技术，可以支持多样化的课堂教学活动和任务，学生可以根据问题展开充分的独立思考和思维拓展，在软件平台中学生有均等回答问题和阐释观点的机会，全班同学可以对学习成果、心得体会进行即时在线交流与分享，不仅有利于学生的课堂情感体验，也极大限度地激发了学生参与教学的热情。

5. 搭建师生交流平台，满足师生交互需求

在我国尊师重道的传统观念下，大多数学生对老师存在敬畏心理，在大数据发展以后，学生有困难可以和老师线上沟通交流，在这里创造了师生平等的空间，学生获得充分的话语权，更加凸显了学生的主体地位。

同时，大数据满足了师生交互需求，使学生能够随时随地进行交流互动、信息共享和情感宣泄。具体而言，当学生在遇到困难时，可以第一时间通过大数据互联网络寻找自己所需要的答案；当学生学习任务繁重、就业压力大时，也可以利用碎片化时间在网络空间寻找精神上的满足。由此，大数据的即时性特点和交互性优势得到完美展示。

（二）大数据与高校思想政治理论课一体化的劣势

1. 思政课教学主客体难以快速适应教育模式

传统课堂中，教师占据中心，拥有知识、能力等方面的绝对优势，课堂上传授的知识也是经过教师严格筛选，并根据教学大纲精心设置，以灌输的方式传导给学生，而学生只是被动接收信息。随着互联网的发展，学生有更多选择权，学生的主体性、自主性被更好地凸显出来，学生作为思想政治理论课教育主体，以自我引导、自我总结、自我安排的新模式，完成自身思想的提升、内容的完善与接受。

进入大数据时代，思政课"教师"的角色得以转变，根据学生的需求科学分配教学任务，循序渐进引导学生开展学习。这种由"授"到"学"的主体权利关系的转变，以及教育观念和教育方式的差异，大大冲击了传统高校以教为主的教育观念，也加大了学生学习的压力，因此绝大部分高校师生在短时间内难以适应。

2. 思政课教师队伍应用大数据媒体能力有待加强

高校思想政治理论课教师队伍面临着大数据带来的新挑战。大数据时代，需要高校思想政治理论课教师群体保持敏锐的信息洞察力和较高的知识素养。针对社会上的热点焦点问题，给予学生正确的价值观导向，避免学生被社会舆论蒙蔽，同时注意学生的网络日常使用，针对学生在学习和生活中的各种疑虑及时解答，利用大数据的优势开展思想政治教育。但高校思想政治理论课教师对于现代网络技术的操作还有所欠缺，教师队伍应用操作能力仍需加强。

3. 思政课课堂教学学生学习自主性与自律性不稳定

利用大数据网络随时随地开展自主学习是大数据创新高校思想政治理论课的一大优势，利用好现有形势下的机会进行高效学习，对学生的自律性是一大挑战。现在处于知识碎片化、时间碎片化、学习碎片化的时代，与思想政治教育学习的整体性、系统性产生矛盾，也与学生学习的实际情况不符。一方面，网络课程学习需要完成多个模块的学习，才能掌握各方面知识，极大考验学生的耐心和毅力；另一方面，学生在自主学习过程中遇到困难容易放弃，课程设计及课程考核存在应付心理，极大考验学生的自制力。

（三）基于大数据创新高校思政教学方法

1. 线上线下结合，实现角色转变

高校本科生思政教学者应当应主动树立大数据意识与思维，学会运用大数据思维不断更新自己的知识体系。大数据时代，本科生思政教学应当充分运用大数据这一工具，将其融入高校本科生思政教学之中，传统的本科生思政教学中的教师作为主要的传授知识的角色将会发生极大的转变。作为大学生的引导者和引路人，思政教育者应当适时转变自身的角色，使大学生在教学过程中发挥其主动性与积极性，以期不断满足大学生的精神需求与自觉行动，引导大学生自觉坚定道路自信、理论自信、制度自信与文化自信，从而不断提升高校本科生思政教学的时效性。同时，思政教育者应积极探索新的教学模式，将线上教育、线下教育相结合，并使"大数据+教学"逐渐成为本科生思政教学的重要载体与重要环节，教育者在教

学过程中可以运用网络这一有效载体,充分发挥大学生的主动性,运用网络这一有效载体充分掌握大学生的思想动态和心理趋势,弄懂教会大学生明辨是非的能力与方法。众所周知,教育系统作为一个复杂的系统工程,要变革其原有的模式不是一蹴而就的,而是一个连续的过程。因此,只有实现线上线下结合,克服各方面的困难,才能充分发挥大数据在大学生思政教学中的作用。

2. 构建"大思政"数字化平台

在大数据时代,数据传播非常快,数量也非常庞大。各高校为了处理这些数据各自构建自己的大数据平台,可是各个高校整合数据之后却没有进行资源的再整合和处理。我们迫切需求构建一个"大思政"平台,这样的平台可以做到资源整合和扩宽受众面。"大思政"的核心思想就是统一领导、汇集人才专业运行,达到全面育人的目的。首先,建构大思政新媒体平台。目前各高校都拥有自己的新媒体平台,在微博、微信、抖音等社交软件都有自己的账号,每天发布的信息也很多。我们可以建立自己的大思政账号由专人管理,把这些高校好的信息资源进行整合,在平台发布有助于各高校之间的交流。在重要的会议期间,大思政平台在微博上统一发起话题互动,各高校的学生积极留言参与也利于我们的数据收服。大思政在新媒体平台可以多发起一些活动让各校学生在网络上共同参与。比如在新冠疫情防控期间可以发布为武汉加油的视频录制活动,收集学生视频积极在平台推送,激励更多的学生参与进来,学生看到参与人数的众多也会纷纷响应。如果考虑到高校的众多和数据的庞大可以以省市为单位,建立各省的大思政平台。其次,我们可以通过慕课和直播等方式进行线上教学。挑选全国思政教师在直播平台上课,学生可以通过预约报名的方式进行上课。各校的学生报名成功后在平台上课可以和教师进行互动,也可以及时给教师提出意见以提高教师的教学水平。这样的做法汇集了一些教育资源,又提高了思政教师的水平。大思政平台除了线上上课,还可以提供一个反馈模块,让各校师生在反馈模块留言互动,后台对于这些数据进行一些筛选及时反映给各个高校,有利于各高校改进网络思想政治教育工作。

二、网络公开课与思想政治理论课的一体化建设

（一）高校思想政治理论网络公开课的内涵界定

随着我国各个领域互联网的普及和发展，网络教育已经逐步发展成为一种现代化的重要教学手段，网络公开课作为网络教育的主要表现形式之一，在学术界并没有一个明确的概念。

高校思想政治理论网络公开课，是针对高校大学生群体的思想政治理论课教学的网络呈现。相比其他门类的网络公开课，这将会使其本身作为德育课程的内在特性与其在人文社会科学领域中所特有的价值更好地发挥和展现出来。

（二）高校思想政治理论课与网络公开课一体化的可行性

与其他门类的网络公开课相比，思想政治的学科特点凸显了其受教育者更具需求性、广泛性，以及授课效果更具影响性的优势。研究其优势一方面可以更好地提高受教育者的思想素养，规范大众的价值取向；另一方面对其自身和学科的未来演进与发展具有划时代的意义。

1. 思想政治理论网络公开课的受教育者需求更高

思想政治理论不仅能够满足人在物质、精神、文化、劳动、交往等方面的基本需要，同时也能满足人在不同阶段的个性发展，而人的发展推动着人类经济、社会不断发展与进步，从而进一步促进人的内在素质的提高和主体性的优化，思想政治理论本身以其独特的魅力和功能成为人和社会"需要"的基础，能够满足人和社会发展的需要，是个体与社会存在价值不可或缺的理论源泉。

一方面，思政课能够帮助高校学生形成正确的道德观、人生观、价值观和世界观，从而使受教育者更好地满足人类社会发展的需要；另一方面，思政课承担着传播马克思主义科学理论的历史任务和宣传中国特色社会主义核心价值体系的历史使命，从而指引受教育者价值体系和行为方式的具体方向，因此，有举足轻重的指导和教化作用。受教育者需要通过思想政治理论课的学习，学会、掌握并运用正确的马克思主义立场、观点和

方法去实践，从而全面提升社会中"人"的能力。一个具有高素质与坚定信仰的群体对社会所发挥的作用是不可估量的，筑牢人才之基，将大大加快我国社会主义现代化建设的进程，早日实现中华民族的伟大复兴。而其他门类课程的教学内容对个体和社会不会产生这种不能缺少的"需要"。换言之，广大受教育者和民族都需要思想政治理论课的学习和教育，而其他门类的课程对个体和民族的思想意识产生的影响相对较弱。

思想政治理论网络公开课更是将受教育者的"需要"的实现发挥到极致，从而满足受教育者最大化的"需要"。如果思想政治理论课仅局限于传统实体课堂教学，那么其教学效果具有较大的局限性，就不能使更广泛的群体受益，思想政治理论课借助网络这个特殊媒介，将自身与网络有机结合从而打破这种局限性，使思想政治理论课的受教育者更好地获得这种需求，使不同个体或群体随时随地享受这种受用终身的"需要"。由此看出，思想政治理论课更适合网络公开课这种教学模式。

2. 思想政治理论网络公开课的教学对象范围更广

哲学理论中的人具有社会属性，需经历由低级需要向高级需要的发展过程。思想政治理论课的内容是与时俱进的、不断发展的，能够激发广泛的教学对象对幸福和满足的感知。因此，思想政治理论网络公开课能够最大范围地为个体与社会的"需要"提供"接受"的基础与可能，不仅能够满足最广泛"接受"群体的低级需要，也能满足最广泛"接受"群体的高级需要，并且能够更加满足最广泛"接受"个体与社会的发展需要，从而更好地促进人和社会的和谐发展。而其他门类的网络公开课无法满足最广泛的教学对象的"需要"，也无法使最广泛的教学对象去"接受"。

思想政治理论课的内容涉及政治、历史、道德、法律等诸多方面，且这些内容贴近广大教学对象的生产和生活实际，因此其理论是能够被大众群体所听懂的、理解的，是能够被受众群众接受的，也能够被广泛运用到实际生活当中去。因此，思想政治理论课的教学对象具有广泛性，思想政治理论网络公开课会将这种广泛性发挥得淋漓尽致。具有现代传媒特点的思想政治理论网络公开课的教学对象由最初局限性较强的专业人士扩展到了大众范畴，使得任何阶层、任何群体、任何学历、任何年龄的受教育者都可以借助网络这一便利媒介，观看思想政治理论网络公开课，品味思想政治理论与人生哲学的多种乐趣，从中接受思想教化和理论指导，进而提高生活和工作质量。其他门类的课程在实体课堂上的教学对象是专业性较强的一部分人,其网络公开课的教学对象仍然是专业性较强的相应群体,而思想政治理论网络公开课的教学对象更具广泛性,这种得天独厚的优势是其他门类网络公开课所无法比拟的。

3. 思想政治理论网络公开课的授课效果影响更大

思想政治理论网络公开课其在授课后产生的社会效应和公众影响力方面也具有其他门类网络公开课无法相比的优势。

受教育者在观看思想政治理论网络公开课之后,势必会产生来自自身理论认知程度与授课内容不同程度的交流与思考,这能够激发受教育积极思维,提高"正能量"。或是由于自身对马克思主义理论认知较浅而产生的种种课后疑惑,抑或是由于自身潜意识受到西方社会思潮的侵蚀而产生的课后质疑,无论哪种原因都会使受教育者产生"反思效应"。每个人在社会中都不是纯粹孤立的,其同单位群体、友谊群体等具有广泛密切的联系,受教育者所受到的教育,所取得的精神财富,也会通过各种方式传递给这些群体,从而潜移默化地再教育受教育者,促使教育成果不断扩大,不断加深,并逐渐形成扩大化的群体"文化意识"。这种群体性文化意识带来的效应是巨大的、广泛的,甚至是轰动性的,且效应会在相对较长的时间内持续增强,引起更加广泛的社会关注和探讨,形成一种良性连锁反应,最终发展成为全社会关注的焦点,社会的聚焦自然又再次将思想政治理论网络公开课推向高潮,引起此起彼伏的理论热议,并使其发展成为一种"文化现象"。这不仅能提升个体的思想理论修养,而且能达到对全社会、全民族思想道德素养的提升与对我国思想德育理论的弘扬和宣传的目的,这也是思想政治理论网络公开课所追求的教学目标。

思想政治理论网络公开课具有广泛的传播范围,教学语言通俗易懂,教学内容贴近受教育者生活实际,可以满足广大群众的精神需求。因此,在授课后有着未可知的影响力和社会效应。而其他门类的网络公开课,由于受教育者局限于某个群体或专业,所以其在网络公开课授课之后所产生的效应局限在相对应的群体或专业领域,与思想政治理论网络公开课相比,能够形成社会化效应的程度是不可相提并论的。

4. 思想政治理论网络公开课的教学资源具有阶级性

思想政治理论网络公开课的资源利用,充分反映中国化的马克思主义思想政治教育资源利用，要体现中国特色社会主义文化的根本性质，要批判地继承中国传统思想文化和批判地借鉴西方优秀思想文化，满足个人价值追求和民族精神追求的需要。

首先，思想政治理论网络公开课作为网络媒体的传播形式之一，发挥着党和政府对广大群众教化和引导的作用，是党和政府的喉舌与耳目，所传播和宣扬的内容具有较强的专业性和倾向性，是对党的路线、方针、政策及时有效扩散和宣传的重要平台，其理论内容和文化内质是为党和政府服务的，表达最广大人民群众的心声，体现马克思主义文化思想和价值观。因而，思想政治理论网络公开课具有资源阶级性的特质。

5. 思想政治理论网络公开课的教学资源更具广泛性

教学资源的广泛性是思想政治理论网络公开课的一大特点，教育者应将各类思想政治教育资源进行横向与纵向、单项与综合、数量与质量的开发。同时，加强思想政治理论网络公开课资源的传承、互补、替代和支持关系的构建与组合，使资源与资源之间紧密联系、互相依赖、互相促进、互相制约，提高思想政治理论网络公开课资源的综合利用率。

例如，思想政治理论网络公开课可以将祖国的名山大川、古迹名胜等自然资源与多媒体的声音和图像相互组合配置，将优秀英雄人物事迹制作成PPT，配置纪念馆陈列图片等现实资源，对受教育者进行声形并茂的爱国主义教育。再如，将中华人民共和国不同阶段反映国家建设的图片进行相互对比，利用媒体资源和显性资源的相互搭配，结合不同时期党的指导思想和方针政策进行图片的讲解说明。由此可以看出，思想政治理论网络公开课的资源广泛，同种资源的拓展延伸和不同资源的相互结合，可以更好地优化其资源的结构，达到教学目的和教学效果。

（三）高校思想政治理论课与网络公开课一体化的意义

西方资本主义国家凭借充足的资金支持和先进的互联网技术，利用网络长期对中国的意识形态进行解构，试图抢夺中国互联网的意识形态话语权，对青年大学生的世界观、人生观和价值观带来极大的负面影响，享乐主义、个人主义、功利主义等思想观念不断渗透、侵入日常网络内容中来，腐蚀着大学生群体的思想行为和价值观念，对高校思想政治教育教学带来巨大的冲击和挑战。

高校思政教学工作的目的在于培养社会主义事业建设人与接班人，所以我们需要深刻认识到网络的重要性。在此背景下，高校思想政治理论课应需要打破传统局限性，积极抵御西方资本主义各种思潮的网络渗透，发挥网络舆论引导作用，在网络唱响主旋律，弘扬正能量，强化高校思想政治理论课的政治性、思想性和文化性，从而为高校高素质高技能人才的培养提供良好的基础与条件。

思想政治理论对广大受教育者具有广泛的引导和教育性，能够启迪其智慧，教化其心灵，为其提供精神和物质的满足，为其一生的事业和生活指明前进的方向。思想政治理论网络公开课通过网络传媒的有效助推，可以更好地满足广大受教育者对这种理论的需求，同时也进一步说明了思想政治理论网络公开课的教学对象更具广泛性的特点，广泛的受教育者必然使其网络公开课的授课效果更具社会影响力和感染力。

深化思想政治理论网络公开课的有效性，使其优势得到更深层次、更广泛的利用，将会成为学科领域未来更为关注的研究课题。当然，思想政治理论网络公开课的教学也存在一定程度的难点和劣势，如何规避、解决这些问题也是理论界未来探讨的方向。不可否认，建立一支高素质、高水平的教师队伍是其发展的重要基础，同时，思想政治理论网络公开课在建立具体指标体系、完善育人新模式、拓宽资源开发新渠道，以及健全监督检查机制等方面的研究是未来其优势利用和自身发展的重要因素。这也将为思想政治理论网络公开课如何更好地达到其教学目的，实现更高效、更大众化、更人性化地为广大受教育者服务的宗旨提供思考的方向。

（四）高校思想政治理论网络公开课应用存在的问题

现阶段，我国高校思想政治理论网络公开课教学还存在着一些问题，主要包括一下三个方面。第一，大学生多媒体设备配备不全，影响网络教学开展。

第二，大学生网络使用缺乏科学性、系统性，没有充分发挥网络资源的作用，增大教学管理难度。

第三，大学生教学满足感有待增强，缺乏面对面交流，弱化德育教育效果。

（五）高校思想政治理论网络公开课一体化建设的路径

利用网络技术和思想政治理论课有机结合，在网络文化中唱响主旋律，发挥传导正能量的作用，无疑是思想政治教育的新方法、新手段。思想政治理论网络公开课建设是顺应这一新形势的重要举措。

1. 优化教学内容

（1）教学内容的广泛性

教学内容既要指导教学实践，又要服务于受教育者。其确立要遵循以下三个原则：第一，促进人的全面发展；第二，传播社会主义意识形态；第三，增强受教育者的精神素养。要为受教育者提供提升其精神品质和道德修养的精神食粮。受教育者可以借助信息化平台，轻松享受思想政治理论网络公开课提供的理论盛宴，学会品味思想政治理论与人生哲学的多种乐趣，从中接受思想教化和理论指导，满足自身的精神需求和生活需要。

（2）教学内容的准确性

思想政治理论网络公课具有较强的导向性和时代性特点，其教学内容与受教育者思想实际密切相连。因此，与时俱进、思想内涵丰富的教学内容需要采用专题教学的形式。

首先，以思想政治学科为理论依据。使主题具有延展性，适合于受教育者的多元智能发展，从而促进受教育者进行深度和广度的继续学习与研究，学会多种解决生活问题的途径，适应不同情境的变化，进一步培养自身的知识实践能力。其次，以受教育者为出发点。以建构主义学习理论为指导，主要强调如何让受教育者最大限度地"学"，并且"学"得好，充分激发其主体性和创新性学习意识，发挥其认知主体作用，形成自我启发和自我反馈的良好教育效果。最后，思想政治理论网络公开课的主题内容要反映国内外社会问题、现象，紧跟时代特点与社会发展形势。

（3）教学内容的实效性

主题是教学专题下设的分论点，是不以某一学科为局限而设立的有价值、有意义的课题，是对专题内容的细化和提升，集合了受教育者的逻辑和方法。对主题的研究和分析，能够解决受教育者在学习活动中存在的问题，从而锤炼主题的思想性和生活性。

2. 优化教学设计

(1) 精选素材

素材要精准求实。素材的使用能够起到为主题锦上添花和将主题深化的作用。首先增添主题思想的感染力和影响力,为受教育者带来直观的体验和感受,刺激受教育者的听觉和视觉,激发受教育者的兴趣,及时更新陈旧过时的教学材料,满足受教育者的精神需求,顺应思想政治理论课的时代发展要求;其次,以受教育者的学习兴趣为出发点,引入备受关注且与生活密切相关的社会事件,激发受教育者分析和思考的主观能动性;最后,以受教育者的认知程度为依据,采用最新数据,使受教育者认同教学内容,从而产生共鸣,达到更好的教学效果。

(2) 设计方案

在教学过程中,通过提出主题来点明课程的专题内容,为素材的导入打下基础;植入素材又是解释说明主题的辅助手段,鲜活的素材可以抓住受教育者的心理,唤起其学习欲望,使素材内容与其心理产生共鸣;阐释理论不仅可以服务于主题,而且可以使素材更具说服力。在不断分析和解剖理论的过程中,逐步阐明知识点,细化理论内容,步步深入,环环相扣,从而激发受教育者的发散思维,逐步增强理论的深度和广度,使受教育者能够更好、更快地理解和接受理论内容,达到教学目的。

(3) 制作课件

实效性较强的课件需要精心制作,对其设计应把握精美、简洁和艺术的标准。其一,精美性。制作课件的美要基于教学内容的理论美,是将教学内容以科学抽象、和谐新颖的形态表现出来,要精巧不失雅致,美观不失大气。因此,制作课件要考虑颜色的搭配,文字风格与视频影音的协调。不仅要图文并茂,而且要有很强的空间立体感,逻辑、结构与形式相统一,使课件与教学环境、学习的氛围相互衬托。其二,简洁性。课件使用的目的是使教师更好地演绎课堂艺术,帮助受教育者更好地理解教学内容。所以,课件应简洁大方,素材要搭配得当,采用的图片要经典而珍贵,声音要典型而精短,文字要清晰而简洁,颜色要突出而柔和。其三,艺术性。课件制作也是一门艺术,课件的艺术表现为图形、色彩、音乐和构思艺术的结合。行之有效的课件制作最终呈现出声形并茂、视听结合、有趣多彩的效果,将教师口述和板书语言的抽象概念、逻辑命题和理论阐释转化成为强烈的感官刺激,使受教育者对教学内容印象深刻,更易于理解和接受,同时也使教学内容更富有感染力。

3. 提升教师教学能力

(1) 教师人格魅力的培育

其一,较强的亲和力。思想政治理论网络公开课教师的亲和力是教师与受教育者之间信息沟通、情感交流的能力。富有亲和力的教师使受教育者愿意亲近和接触,有助于受教育者对思想政治理论网络公开课教学精髓的感悟和情感体验,发现课程中的"正能量",不断提升精神品格和道德修养。因此,思想政治理论网络公开课教师要表情亲切自然、热情洋溢而不显矫揉造作,眼睛充满神韵、果敢坚定而不失温婉灵动,声音柔和温暖、深沉含蓄而不呈生硬刻板,展现饱满的热情,显露关爱的情感,营造和谐的氛围,从而感染受教育者,陶冶其情操,博得其尊重和喜爱,使其"爱"上教师的人,"爱"听教师的课。

其二,优雅不俗的气质。教师的气质是教师姿态、仪容、举止的总体称谓,体现着教态美,是无声的体态语,具有沟通师生情感、传递教学信息、增强有声语言表达和反馈的重要作用。思想政治理论网络公开课教师要姿态端庄稳重,仪表从容优雅,举止文雅大方,着装朴实得体。加之,其轻柔稳健的步态、微笑镇定的眼神、鼓励自信的目光等肢体语言,可以使受教育者切实感受到教师的课堂气场,从而彰显出思想政治理论网络公开课教师卓尔不凡的人格魅力。良好的形象和典雅的举止,对受教育者产生潜移默化的影响,使其以学习者的身份模仿教师的行为语言,塑造自己的人格品质,进而发掘自身的潜能,发挥自我个性、发现自我价值、提升自身的道德修养,从而使思想政治理论网络公开课达到"桃李不言,下自成蹊"的教学效果。

(2) 教师课堂调控的把握

教师在授课过程中,应预先分析受教育者的听课"疲劳期",采用动静结合、张弛有度的方法,如可以运用诙谐的语言,精选素材制作的动画课件,调整教学节奏,巧妙地调动受教育者的积极性。同时,教师还要通过眼神、表情、手势等肢体语言渲染气氛,营造轻松、和谐的教学氛围,使受教育者感受到教师的亲和力,以及教学内容的感召力,从而"愿意学、喜欢学",形成"勤于学,善于思"的习惯,激起其推理和解释问题的愿望，驱使其主动进行思考，发挥思想政治理论网络公开课检验知识、拓展思维、发掘能力的作用，提升课堂的教学质量。

3. 强化网络教学管理

（1）规范管理互联网的使用行为

互联网技术不仅为思政教育工作者们提供了大量有价值的教学信息，也显著促进了高校教师与学生之间的互动交流，能够使高校学生更加准确地理解教师们的想法，并给予其自主选择的空间，充分体现了教师与学生在教学活动中的平等性与互动性。然而，网络同时也具有高度的开放性与虚拟性，大量的虚假、不良信息掺杂其中，一些不法分子则趁机肆意散播不良信息，对高校学生的思想政治教育工作产生了不利的影响，削弱了高校思政教育工作的实际成效，所以，高校应不断完善校内规章体制，将其纳入规范化的管理过程当中。

（2）完善高校学生思政教育信息监控机制

网络具有一定的开放性及虚拟性，通常不会受到国界或地域的制约。互联网信息不仅数量极大、种类繁多，而且内容也是非常精彩而多样的。正如驾驶员需要通过多个交通路段才能到达终点，同时又要遵循交通规则一般，高校学生运用网络进行深度搜索和搜索信息，也应经过一些道路，并严格遵守相应的规则。在高校学生思政教育工作过程中，必须侧重对学生"网络交通道路"进行系统监管，确保思政教育的规范性和有效性。第一，思政教育者应充分利用技术手段，不断扩大高校网络安全监管力度。众所周知，校园网络不仅增强校内外之间的联系，而且也是高校学生通向外界环境的重要渠道。所以，各大高校务必做好网络连接出口工作，努力优化网络技术，不断改进校园网络服务器，认真识别与校园网络相接入的社会性网站，强制关闭不健康的网站通道，利用技术手段过滤网络信息。第二，应落实制度建设工作，规范高校学生的上网行为，监管信息传播。我国高等教育委员机构认为，所有高校一律遵循"谁主管、主办，就必须谁负责"原则，将网络监督置于首要位置，彻底删除不良信息。在新媒体背景之下，应规范校园网络监督工作，增强其监管力度，并且将责任义务细分到各级院系，从而逐渐提升高校思政教育的有效性。

（3）建立科学的网络舆情机制

在教学过程中，思想政治教师要随时关注了解学生对于社会上发生的一些热点事件的看法，了解他们的情感态度。当学生的个人情绪和意见越来越强烈，最后上升到集体态度时，影响力进一步扩大，便形成了所谓的网络舆情。在互联网技术高度发达的今天，许多高校学生都习惯于将网络作为自己参与社会生活的主要方式之一，对于热点话题等也都会有自己独特的看法，然而由于网络信息的无限传播且缺乏有效监管，导致网络暴力行为时有发生，对高校的思想政治教育工作也产生了一定的不良影响。因此，思政教育工作者应建立并完善校园网络舆情机制，在新媒体背景下，逐步引导高校学生形成积极健康的言论与思维方式。

三、慕课与思想政治理论课的一体化建设

（一）慕课概述

MOOC即大规模在线开放课程，是当前流行于国内外的一种新兴的在线学习模式。它以学习者为中心，改变了传统网络教学内容单一、形式固定的缺陷，倡导自主学习、碎片化学习、个性化学习。MOOC的发展有助于优质教育资源的共享，有助于终生教育体制的构建，有助于知识的迅速传播。2012年慕课蓬勃兴起，中国教育领域自然积极加入其中，相比国外慕课，中国高校有自己的慕课发展史。

早在2001年，中国便开始推广"网络公开课"建设，史称"中国大学网络公开课"建设计划。2003年，教育部在提出"网络公开课"的基础上，开展实施了网络"精品课程"建设工程，"网络公开课"在全国各高校随之兴盛发展，"爱课程"网站先后上线各类课程百余门，很多高校教务处网站也开设了"精品课程"的线上专栏。

2011年，北京大学、清华大学、复旦大学等10余所国内名校首批推出20门精品课程，涵盖信息工程学、建筑学、心理学、文慕课已成为现今教育行业不可或缺的学习平台，当前，慕课在逐步扩大教育规模，改变教育模式，利用互联网技术，实现教育资源全球共享化。

(二)思政课程与慕课一体化建设的要求

1. 对大学教学条件的要求

确保慕课在思政课中科学、有效地发挥作用,取得预期的教学效果,大学对思政课网络教学的支持是重要的前提和基础。大学要能够满足慕课技术化较强的教学要求,提供有力的经济支持和技术配备。一是系统要具备教师教学和学生学习的各种功能。针对教师,系统需要具备学情、作业、反馈等数据分析的功能,便于教师对学生的监管和课程的调整;针对学生,系统需要具有线上学习、课堂表现、自动评分等多样化学习功能,便于学生即时掌握自身学习状况,随时调整学习强度。二是系统的开发建设和人员维护需要学校投入一定的资金。规模较小、资金不足的大学是否能够承受慕课教学模式带来的经济负担,这些无疑对大学本身的经济实力提出了挑战。

2. 对学生配合程度的要求

思政课以慕课作为教学模式,在线上和线下学习过程中学生的参与配合程度,直接决定了思政课的教学效果。很多学生本身对学习思政课并没有多大的兴趣,只是迫于考试和学分的要求不得不学习。对于低年级大学生来说,他们迈出高中校门时间不长,一些学生还习惯于我国中学长期施行的政治课应试教学模式,他们习惯于中学政治课那种老师盯着学、看着背、反复督促的学习模式。

在慕课教学中,需要学生有较强的自主学习能力,至少具备能够按时登录并观看完课程的自觉性,并且完成课后作业、讨论等环节。这对于国内相当一部分普通高校学生来说,并不是一件容易的事情。他们一开始出于好奇可以按时完成课程,但是坚持一学期自主观看、自主完成作业就需要一定的定力或者辅助手段。

此外,学生能否积极参与课堂讨论,学生是否对讨论教学模式感兴趣,是否对国家大事及热点焦点问题感兴趣,是否能够自发自动地融入讨论中来,再者,学生的性格特点具有差异性,如何针对学生的性格特点展开教学,有效提升学习效果,这都是要思考的问题。

3. 对教师综合能力的要求

思政课教师在备好本职课程的同时,还要掌握好慕课的必须技术。教师不仅仅要能讲好思政课，还要掌握在线回复学生问题、回应学生讨论、随时发布测验、发布课件以及有关视频、在线布置小组作业并进行跟进指导等手段。这不仅要求教师在镜头前能自如讲课、熟练使用慕课软件，还要求教师熟悉一些配套辅助软件的使用，如抖音、视频、剪辑软件等。这种媒介素养的新要求，对于一些80、90后中青年教师来说，并不太难，但是对于一些不善于使用融媒体的老教师来说，的确是一个不小的挑战。

4. 对课程本身的吸引力的要求

慕课是一把双刃剑——如果学生本身对思政课感兴趣，慕课借助手段的创新，思政课学习讲授与视频、媒体融合而"声情并茂，锦上添花"；如果学生本身对思政课并不感兴趣而是迫于老师的督促和签到的压力去课堂，那采取慕课的方式就会给学生逃课以可乘之机，他们可以"灵活"到打开慕课界面，然后做其他的事情。所以，要让高校学生至少是大多数学生认同并愿意上思政课，这样才能保证他们在教室外、屏幕前能够主动听课并完成学习。这就需要思政课本身"包装"要更独特，"工艺"要更精湛。更加贴合学生的实际，更有时代感，使学生自主自愿地坐在电脑前参与思政慕课的学习。

（三）思政课程与慕课一体化建设的路径

1. 加强宏观调控

"思政慕课"的建设是一个综合的系统性的工程，必须要加强顶层设计，重视慕课平台的开发和建设。同时，慕课的建设具有开放性，不能局限于少数学校开发，国家应积极推动不同层次的学校自由进入并共同开发建设维护。要遵循由重点建设到普遍建设的战略。首先由具有较高科研水平的"双一流"高校带头开发平台，然后以此为中心由点及面地向省重点高校及其他地方高校辐射，推动慕课技术的普及、建设和推广，最终建成覆盖全国的高校思想政治教育慕课平台。在社会层面，思政课的发展应与终身教育紧密结合，为实现教育公平、促进全民网络德育素养提升提供可持续的智慧支持。在学校层面，要勇于承担主体责任，研究开发国际一流的思政课慕课教学管理平台。

2. 做出"思政慕课"独有的特色

首先，融合而非替代传统的思政课堂教学。思想教育功能如果离开了面对面交流，效果是会大打折扣的。慕课技术的优势是有目共睹的，但是传统课堂也并非一无是处，否则也不会在我们高等教育发展历程中经久不衰。因此，辩证地将思政传统教学与"思政慕课"融合起来，两种方式实现优势互补，针对每所院校自身的情况，承担起高校学生思想教育的使命。

其次，可以用"翻转课堂"的理论改善"思政慕课"，采用"先学后教"的模式，学生课下自主完成学习并提出问题，课上和老师一起交流、研讨事先发掘的问题，并探寻有效的解决方案。这既发挥了"思政慕课"本身的技术优势，有效地解决了师生配比不足的问题，又弥补了师生缺乏面对面"言传身教"的弊端。

3. 充分发挥公共图书馆的作用

图书馆在互联网媒体时代起到信息源的作用，应当对接当前"思政慕课"，将图书馆中关乎人类智慧结晶的馆藏资源用于"思政慕课"中。比如将传统文化诸子百家的馆藏资料用于"思政慕课"中的中华民族传统美德的部分；将抗日战争、解放战争的馆藏资料用于"思政慕课"中弘扬中国革命道德部分；或者将"思政慕课"在线资料、在线课程或者在线课堂中加入相关联的图书馆或者电子图书馆资料链接。其中，高校图书馆在"思政慕课"中发挥的作用是精英教育的模式，主要针对的是高校学生的思政课教育；而社会公共图书馆则在"思政慕课"中发挥大众教育的模式，主要针对社会公众或者全民思政教育。

图书馆可以搭建起"思政慕课"在线检索平台。图书馆应该搭建起方便易用的检索平台，让学习者在这么多的慕课中寻找到最适合自己的，发挥其助攻大众终生学习、终生思政的作用。图书馆提供的慕课检索平台也必须符合大众的阅读和检索习惯，毕竟"易检索到"才是坐下来参与"思政慕课"的前提。

4. 提供精品慕课资源

"思政慕课"是面向全国高校学生，因此在课程质量上必须严格把关。而高校思政课又与其他课程有着明显区别，其最本质的属性和特征就是政治性，必须严守安全底线，保证思想政治慕课是精品课，真正让慕课资源发挥维护社会主义意识形态的功能。

5. 健全激励机制，提升教师网络教学水平

高校思政课教师是推进思想政治教育改革的原动力，首先需鼓励教师学习新媒体、新技术。高校要健全教师进行教学创新和教育改革的鼓励激励机制，加强对思政课一线教师的网络技术培训，邀请慕课课程研发的专家来校进行交流座谈、分享经验。同时，对于积极参与、探索慕课课程开发的教师，要给予表彰和奖励，形成崇尚创新的氛围。

6. 双教学场域的构建

高校思想政治理论课，应利用慕课、大数据等新兴教育教学技术，促进网络辅助教学的最优化，并运用好、设计好、衔接好与实体课堂的教学互动，实现"双教学场域"的思政课教学模式，构建思政课创新教学体系。其一，注重网络空间的教学开发。相比传统教学，线上教学环节拓展了思政课教学时空，激发大学生的学习积极性，强化思政课教学实效性。其二，强调实体课堂的教学互补。并不是说慕课教学可以取代实体课堂教学，而是要科学合理地运用慕课教学的优势，与实体课堂形成互补，新型师生关系也逐渐形成，教师是引导者、设计者，学生是探索者、追求者，平等自由的双主体模式将为师生创造更加轻松活跃的"教"与"学"教学范式，使思政课教学向着教育个性化的发展方向迈进。

7. 增强学生"思政慕课"的获得感

思政课或者"思政慕课"的改革使学生有获得感，其改革就具有价值。思政课本身的特点在于其与现实紧密相连，承载着将党中央重大理论创新传播给学生，武装学生头脑的作用。然而，这些"大而严肃"的内容与学生碎片化、娱乐化的阅读方式是具有冲突的。这就需要"思政慕课"在传播好这些理论的同时，关注如何有效传播。慕课的方式由于借助互联网或者移动互联网，已经从形式上使学生放下了被"说教"的戒备心理，如果再借助慕课中的视频加入一些动画或者访谈的形式，学生从"思政慕课"学习中觉得切切实实获得了深刻生动好玩又有用的理论，学生的思政获得感就会增强。

比如 2018 年 5 月是纪念马克思诞辰 200 周年的日子，在很多融媒体公众号中出现了接地气的宣传马克思的内容，诸多文章还配有网络语言的话语表达方式描述和一些卡通图，如求是网公众号的《如果马克思穿越了

……》和《马克思是对的》、人民网公众号的《给90后讲讲马克思》,等等。学生愿意看,看后觉得增加了对马克思主义的了解,有"获得感"。如果一些马克思主义基本原理"思政慕课"能够加入这些素材,配有教师具有理论功底又符合学生话语习惯的讲解方式,就必然会增强学生对这门课的"获得感"。

四、翻转课堂与思想政治理论课的一体化建设

(一)翻转课堂的定义

"翻转课堂"教学模式,顾名思义,即把传统课堂进行翻转,变教师主体为学生主体,变传统讲授为充分利用新媒体等技术开展开放性和多样性课堂,最终都是以实现思政教学的最终目标为出发点和落脚点。现阶段,学术界对"翻转课堂"的概念界定总体上体现在以下几个方面:

(1)课前预习。课前,学生对学习内容的选择具有充分的自主权,可充分运用新媒体技术进行"淘课"预习。

(2)课堂学习。课中,学生通过教师引导对课堂进行主动学习、讨论和总结,运用教师讲授、视频音频学习、小组讨论等形式对课程主体内容进行学习和掌握。

(3)课后复习与考核。课后,学生回顾总结相关知识点并主动完成线上考核,教师在考核学生时充分体现人性化和主体性的特点。

(二)翻转课堂优势

"翻转课堂"教学模式规避了传统课堂教学的"独角戏"弊端,也规避了慕课教学单纯依靠网络的弊端,是"互联网+教育"背景下催生的一种十分有效的混合式的课程管理方式。

翻转课堂具有其鲜明的优点。高校学生普遍认为专业课更为重要,没有意识到思想政治教育的重要性。翻转课堂赋予高校学生更多的学习自主性和灵活性,充分调动了高校学生学习的积极性、主动性、参与性,既保留了传统课堂对学生的集中管理与教导,又体现了教育的民主化、信息化、时代化。翻转课堂教学模式下,教学程序的改变、技术载体的增设真

正落实了"以学生为中心"的教学理念,同时大大拓展了高校学生的学习时空。

(三) 翻转课堂的特点

翻转式的思政教学模式在很大程度上体现了合作学习、信息化学习和个性化学习的基本特点,将教学立足点放在学生的"信息获得与加工""协作学习""自我提升"等能力的培养,其特点主要体现在以下三个方面:

(1) 个性化。"翻转课堂"教学模式的个性化体现在课程设计、课堂安排和课程评价都是以学生主动学习的过程和自我能力提升的目标为价值导向。

(2) 协同性。"翻转课堂"的协同性主要体现在课前预习、课中学习和课后复习三环节的协同,教师与学生双主体的协同,学生学习知识和内化知识的协同。

(3) 数字化。翻转课堂最早出现于2007年,美国高中化学教师在教学实践中发现用屏幕捕捉软件录制讲课视频,之后发布到网上,可供缺席学生和学习有困难的学生自主学习,反复通过自学和课堂讨论来解决疑难问题。显而易见,现代化信息技术的广泛兴起是翻转式教学方式被广泛应用的重要基础。

(四) 翻转课堂与高校思政课的一体化建设的路径

1. 确立师生双主体地位

(1) 基于建构主义理论和人本主义理论的"翻转课堂"教学模式,充分尊重学生这一课堂活动的主体,在充分尊重学生认知能力和学习结构特点的基础上,科学设置思政教学内容和教学课程。由于学生独立意识强且热情主动,高校思政课堂以学生为主体,其课程设计可以学生主动完成学习为主。

(2) 教师传统教学授课形式虽使思政课略显枯燥,但不可否认,高校思政课仍是一门传授理论知识,传递价值理论,塑造学生世界观、人生观和价值观的课程,要想使大学生形成正确三观,必然离不开思政教师的正确引导。

(3) 宏观地进行分析，利用翻转课堂模式开展教学需要教师和学生形成合力。构建师生双主体，既使思政课摆脱枯燥与理论性强的固有思维，又充分发挥学生的主体性，同时教师仍能传道授业，从而真正实现思政教学和翻转课堂模式的有机融合，进而达到高校开展思政教学的最终目的。

2. 教师统一管理思政课堂

利用翻转式的教学模式开展思政教学对教师提出了更高的要求，教师必须有效负责整个教学课堂的准备工作，比如根据学生学习特点筛选教学内容、制定教学方案、使用合理的教学手段等，同时还需在平台及时查看批改学生的自学成果，这对教师课前组织和管理能力是一大考验。与此同时，"翻转课堂"教学模式的最大特点就是让学生学在课前，在该模式的课堂教学环节教师主要为学生解答疑难问题、展开课堂讨论，并引导学生掌握相关理论，提升相关能力。

3. 注重课前、课中和课后环节的结合

"翻转课堂"教学模式的最大亮点就是将学生的课前预习、课中表现和课后复习等三个环节进行广泛结合，以此实现思政教学的全方位育人、全过程育人特点。首先，在翻转课堂教学的课前预习环节，教师通过将本节课堂教学需要掌握的知识点和教学重难点制作成小视频，让学生提前进行自主观看和学习，教师鼓励学生选择自己感兴趣的视频进行自学；教师要求学生将自学成果整合成自己的知识体系，并上传到平台或以书面形式在课堂上呈现。其次，在翻转课堂教学的课堂教学环节，这一环节要求学生自主探究。"翻转课堂"主张针对不同学生的特点开展差异化教学，学生通过成果展示、学生讨论、案例分析、视频学习、归纳总结等环节进行互动学习；学生通过展示自学成果、讨论课堂主题、归纳习得知识建构自己的知识体系；教师最后对学生学习过程及成果进行引导，并对知识点进行梳理和呈现，使课堂效果实现质的提升。最后，在思政翻转式教学的课后复习环节，该环节要求学生巩固提升。思政教师应注重学生课堂学习的巩固提升，一方面要求学生按时完成平台的测评任务，查验自身理论学习的效果；另一方面主张学生走出课堂，即走向社会，通过拍摄微电影、参观实践教育基地等实践教学形式在实践中将理论落地，在实践中升华理论，又走向网络，通过微信公众平台、网页、手机 APP 等进行延伸阅读，丰富自己的知识体系。

4. 突出知识重难点

首先，在引入课堂时，教师应强调视频学习只是一种方式，其内容不是课程学习的主要内容，将学生从课前的分享与讨论中抽身，进入真正内容的学习。其次，在课堂环节，教师应着重针对教学的重难点进行教学设计，成果展示、课堂讲授、课堂讨论等都要围绕教学的重难点展开。最后，在课后反馈阶段，教师可基于学生的实践表现进行主观性考评。在利用"翻转课堂"进行思政教学的过程中，教师能否对整个教学课堂进行合理引导、学生是否能最大限度地吸收课堂教学知识点，成为衡量该教学模式是否有成效的关键因素。

5. 线上与线下相结合

教育领域构建线上线下双渠道，即实现现实教学与网络教学的结合。高校思政课开展"翻转课堂"教学模式，其前提正是信息技术手段的广泛应用，因此构建线上线下双渠道是必然选择。在利用翻转课堂进行思政教学的过程中，思想政治教师应明确"颠覆课堂""翻转课堂"和"对分课堂"三者的异同点，进而将现代化的教学设备和教学方法充分利用起来，从而带动学生的思政学习积极性和学习主动性。第一，教师应分专题研究"翻转课堂"教学模式的适用内容，并提前组织集体备课，教师分工完成课前自学微课内容的录制。第二，思政教师应充分尊重学生的身心发展特点和认知能力特点，为学生制定个性化的学习方案。第三，教师要帮助学生筛选适合的网络视频和文字材料。第四，教师要合理分配微课内容、自主探究内容、讨论内容和课后实践内容，不同环节学习内容的设置都要给学生留白，启发学生思考。综上所述，教师在进行翻转式的思政教学过程中，应做到统筹兼顾教学方法、教学内容、教学模式。

6. 灵活设置思政课程

具体来讲，高校的思想政治课程包含近现代史、毛泽东思想、马克思主义哲学、法律、思想政治、形势政策等多种内容。不同课程对知识目标、情感目标和能力目标的要求不同，在课程内容的理论性上也有所区别。因此，利用"翻转课堂"教学模式开展思政教育必须根据此课程设置的具体情况而定，对于理论性强的课程，教师在课前自学阶段可提倡学生多学习知名大学的视频课，为课堂讨论阶段奠定理论基础。对于思想与情怀要求较高的课程，比如中国近现代史纲要、思想道德与法治等，教师可推荐学生多看相关视频、多搜集相关案例，既为课堂学习提供案例依据，也为学生价值观的培养与塑造打下基础。对于时事要求较高的课程，比如形势与政策课，教师可推荐学生多看新闻、刷学习强国、多查阅网页和微信公众平台的推送，了解当今的时事热点，为课堂学习提供现实指引。

第三节　互联网+时代思政课程师资队伍的一体化建设

一、影响高校思政课程师资队伍建设的因素

互联网信息技术的快速发展给整个人类社会的发展与进步带来了巨大的改变。空间之间的距离因为网络信息技术变得越来越小，国与国之间因为网络信息技术的应用也没有了界限。近十几年随着中国经济的快速发展，网络信息技术在人们的工作、生活、学习中变得越来越普遍。特别是在高校中，大学生正处在学习与接受新鲜事物的黄金时期，他们思想活跃，乐于接受互联网这种新鲜的事物。以往在高校中对大学生的教育主要是通过学校中国共产党党员教师，如学校主管学生工作的领导、团委教师、高校思想政治理论课教师、辅导员等人。在我国没有网络信息技术的时期和网络信息技术还不普遍的时期，高校教师的话学生是非常相信的，教育实效性也很强，但事实上是随着网络信息技术的普遍应用，在很大程度上削弱了高校党团教育的效果。网络信息技术既有利于世界经济的发展，同时其应用不当也会给人类社会带来很多疑难问题。正如马克思和恩格斯就充分赞誉了技术在人类社会发展中所发挥的巨大作用，但事实上技术所产生的异化现象，这种异己的力量，使人受到了压榨和奴役，人类最后也失去了自由，成了机械式的工具。

出生在网络信息技术时代的90后、00后高校大学生，他们追求个性、追求自主化的生活和学习方式，与80后追求经济物质还不同。得益于中国经济的发展，在这一时期成长起来的90后和00后高校大学生，他们更注

重个人的情感体验与价值体验，对政治普遍不太关注，有着强烈的个人意识，从小到大习惯从网络技术中获得知识和信息。因此，他们从小已经养成网络思维方式，在生活和学习中都与网络技术分不开，尤其是00后高校大学生具有较强的网络社交、网络学习和网络消费的能力。网络性词语如佛系、吃鸡在其生活中很普遍，网络购物、网络游戏在其生活中也为他们的生活带来了很多方便，使其生活更快捷和便利。但是西方国家却利用当代高校大学生普遍使用网络信息技术的特点，在网络中通过各种形式渗透他们的政治理念、文化理念和生活方式。

信息网络技术产生之前在高校中大学生接收信息主要是通过高校教师，在教师的思想和行为影响下形成自己的世界观和价值观。但是信息技术作为"静悄悄的革命"在当今以不受人们可控制的速度发展起来，真正地实现了中国人所说的"秀才不出门，便知天下事"。网络全方位地改变了学生的生活和学习方式，提供了新的认识世界的方式，高校大学生对网络的依赖加深，以往高校教师的教育主要手段显然已经不适应当代学生的新特点和新的需要。高校大学生对教师的心理需求也转向了网络，当人们从依赖媒介而获得了相应的满足，便越指望再次获得有用的信息，对媒介的依赖性就越强烈。高校大学生对网络的依赖使其思维方式发生了一定的变化，以往高校党团的教育可以有效培养学生发散的思维方式，但是网络信息技术呈现出来的信息是直观的和具体的，容易使学生不再去思考，直观地去看，从而不利于学生多维思维方式的形成。再有通过网络信息技术可以快速地查找所需要的信息，使高校党团教育面临挑战，需要高校党团方面的教师及时更新观念，利用网络信息技术对学生进行合理的教育和引导。高校教师必须转变思维方式，首先，由传统的教学模式向网络信息技术下的教学模式转变。高校党团教师要根据学生特点不断研究和探索，重视校园网络安全的建设，加强对学生进行网络安全教育。其次，教师也需要掌握一定的网络信息技术，当前高校党团工作者有再深的理论功底，一旦网络信息技术不行，也很难走进学生心里，对其进行指导和教育。高校党团工作者要利用互联网技术在网络中通过各种形式与学生聊天、谈心，使青年形成正确的世界观和价值观。最后，高校要不断重视对教师网络信息技术的培养，给教师创造时间和条件去学习，在新形势下不断更新教师的理念，利用网络信息技术更好地发挥高校党团教育的效果和作用。

二、互联网+与思政课程师资队伍一体化建设的路径

（一）提升高校思想政治教师的素质能力

1. 提升政治素养

思政课教师作为马克思主义理论和社会主义意识形态的传播者，党的路线、方针、政策的宣讲者，高校学生世界观、人生观、价值观的引导者，首先自身必须政治素质过硬，必须具有较高的政治敏锐性，不断地坚定自身信仰，掌握从政治视角审视问题的能力，尤其是在核心问题方面坚定立场，保持政治清醒。对马克思主义理论做到真学、真懂、真信和真用，杜绝"姓马容易信马难"的现象。要坚定对中华民族伟大复兴的信心，要坚定对中国共产党的信任，在大是大非面前，与党中央保持高度一致，站稳政治立场，恪守政治原则。

2. 提升专业素养

上好思想政治理论课绝不是一件轻松的事情。思政课离不开深厚的学术能力和理论素养，思政课教师只有不断地积累和深化自身功底，才能实现学术能力的持续发展。因此，思政课教师不但要做到过硬的政治素养，还要苦读、通读马克思主义经典著作，深耕时代重大课题，不断提升专业素养，努力做到政治性和学理性相统一。

一方面，思政课教师不断提升和补充自己的理论知识，通过理论学习和实践的结合，组织开展各项调查活动，全面了解中国共产党在各个阶段的发展历程，在不同的对比分析中总结经验、梳理不足。不断增强马克思主义理论的解读优势和话语优势，弘扬时代主旋律，传递社会正能量，批判错误思潮，践行社会主义核心价值观，强化优势不断增强"四个自信"，明确使命担当，变"点名课"为"网红课"。

另一方面，思政课教师要能够及时捕捉世界变化，把握时代发展脉搏，纵向看待世界各国的变化和各种事物的发展。加强历史思维，反对历史虚无主义。思政课教师要掌握丰富的、跨学科的教育学、心理学、人文科学和自然科学知识，做一个学识渊博的人，做到在教学中对知识整合、

融会贯通，以透彻的说理和开阔的视野让学生心服口服。

3. 转变教育教学理念

（1）要树立"互联网+"思维

高校要加强在教师队伍中宣扬"互联网+"理念，通过开展讲座等方式，引导教育者客观看待"互联网+"的革命，正确解读"互联网+"的内涵和价值，健全奖励激励机制，鼓励教师积极探索网络资源与平台的开发和建设，营造积极拥抱"互联网+"的文化氛围。高校思想政治教育者要走出舒适区，在教育教学实践中积极探索运用"互联网+"。

（2）要树立高校学生主体思维

当代的高校学生群体是使命感、责任感和自豪感非常强的群体，他们具有参与学习的积极性、主动性和创造性，主张彰显自我价值，主张在参与中理解和运用。因此，教育者要树立高校学生思维，接纳高校学生已从原来传统教学方式下的被动的教育客体变为积极学习的教育客体这一动态趋向，积极引导高校学生完成角色的转变。教师要放下权威的身份主动与高校学生平等对话，要重视高校学生的生命体验和自我表达，在自由、平等、民主的理念下提高高校学生的积极性、主动性和参与性，高质量地、和谐地开展思想政治教育。

4. 创新教学思维方式

（1）采用启发式教学，激发学生主体性和创造性

废除"满堂灌""注入式"的传统教学方法，以学生为课堂教学的主体，广泛采用启发式的教学方法。

（2）采用对话式教学，实现师生双向互动和沟通

传统教育中教师单向传输、学生被动接受灌输的教学方式在很大程度上造成了学生对学习方法的忽视和对教师的高度依赖，采用对话式教学方法实现师生之间的双向互动和沟通。学生和教师都可以自由发表自己的思想和观点，学生通过教师的启发和引导激发探究知识的愿望，形成师生间的多边活动。

（3）采用问题情境法，培养学生创新意识

问题是推动逻辑思维进一步发展的动力和源泉。学生的创造意识和创新精神起源于对问题的质疑、探究和思考。在课堂教学中，教师不再是课堂教学的中心，学生在课堂教学过程中处于中心地位，是知识的探究者和

能力形成的实践者。通俗来讲，问题情境法就是教师提出问题，学生之间进行充分的自由讨论，然后由教师引导学生提出解决问题的方法与思路，进而提高学生探究意识、合作意识和创新能力的一种现代教学方法。

首先，问题情境法以激发学生自由思考为特征，以"问"激"趣"，同时要根据学生的知识水平和理解能力，创设符合教学内容的合理性的问题。其次，问题情境法以典型的教学案例为支撑。在选择恰当合理的问题情境过程中，要经过教师的精心筛选与整合，也就是说，应当选取具有典型性、深刻性、新颖性、趣味性的社会现实实践课堂教学素材。最后，问题情境法以自由、和谐、宽松的课堂教学环境为依托，营造一个民主、平等的和谐氛围，学生可以无所顾忌地表达自己内心的看法与观点。

5. 充分挖掘和利用教育资源

在高校的思想政治教育工作中，课堂教学是最主要的渠道之一，发挥着重要的作用。跨界思维要求教师在教学过程中要改变传统的教学模式，充分利用新媒体技术，把握课堂教学的话语的跨界思维权，不断完善学习内容的设计，探索新的课堂教学方式，借助多媒体技术赋予理论知识以新意，帮助学生更好地掌握所学内容。此外，思政课程教师还应能够充分挖掘教育素材，例如，中国的历史发展中有很多值得纪念的爱国故事，也有很多的英雄事迹。为了纪念这些英雄，各地分别修建了不同的纪念馆、英雄纪念碑、革命根据地等实体纪念物，参观这些蕴含了爱国主义的纪念物能激发高校学生的爱国主义热情。为了更好地弘扬爱国主义精神，我们可以利用互联网，挖掘这些教育素材，在课堂中，通过多媒体技术向学生进行展示与讲解，培养高校学生的爱国主义情怀。

6. 提升人格魅力

据调查显示，高校学生喜欢某位思政课教师，不仅是因为该教师理论功底深厚，学识渊博，还有一个更重要的原因是其身上散发着崇高的道德修养和闪光的人格魅力。社会发展和经济建设都离不开专业人才，而道德水平较高、德才兼备的教师才有助于正能量的产生，其以言传身教潜移默化地影响学生，不断地向社会输出德才兼备的人才。

思政课教师要不断提升知善能力，增强向善情感，增强趋善倾向，养成行善习惯，率先垂范，慎独自律，通过提升自身人格魅力，更好地提升思政课堂教学效果。用崇高的师德影响学生、塑造学生，用高尚人格感染鼓舞学生，把真善美的种子播撒给学生，把自己锤炼成高校学生的道德楷模。年轻教师应该积极自我学习，发挥中流砥柱的作用；年长教师则需要在思政课开展过程中继续发挥余热。高校思政课应该始终坚持以学生导向的原则，不断地向学生传达关心、关爱、关怀，最大限度地发挥教育优势。

7. 提升网络素养

"互联网+"时代高校思想政治教育工作者应具备一定的网络素养。教育者要创新教学方法与教学手段，不断提升网络素养，推动网络教学方式与思政课程的结合，提高教学艺术，构建既符合学科规律又满足学生需求的网络课程。要充分利用大数据提供的信息全方位地把握学生的学习兴趣、学习过程等，提升教育者利用大数据组织教学和管理的能力。要树立共建共享思维，合理配置线上与线下、校内与校际教学资源，积极借鉴优质课程资源组织思政教学。要在立足于专业知识扎实的基础上，开展教学手段和形式的革新。推进"互联网+教育"并不是"一刀切"，更不是只要美丽的"包装"而忽视真实的内在。

此外，还要求教师能够在线回复学生问题、回应学生讨论、随时发布测验、发布课件以及有关视频、在线布置小组作业并进行跟进指导等手段，这就要求教师熟悉互联网技术并能熟练使用。

但同时，也要求思政课教师切忌过于沉迷于技术的五花八门而忽视内容本身。再新的技术手段、再多的好看有趣的视频也不能替代理论本身的讲准、讲透。良好的课堂讲授能力，得体的教风、教态，扎实的理论讲授基本功无论何时都是思政课教师立足的根本。可以从以下几个方面入手，提高思政教师运用互联网的素养：

（1）提高信息的搜索与加工能力

当今信息社会的剧烈发展与以往任何时候都不一样，不同于以往的学校教育，教师获取教学信息基本都是通过教学参考书、报刊及个人经历等途径。而今，除了上述的常规途径，教师还可以从互联网上获取大量相关信息和知识。现在的网络信息量大、类型多样、良莠不齐，因而，教师从互联网获取教学的能力及其筛选信息的能力就变得格外重要。

首先，学会运用搜索引擎、学术资源库等，精准搜索想要的教育资源并进行下载或转载。

其次，要具有快速浏览信息的能力与鉴别力，以便在海量的教育信息中获取最有价值的、与自身教学最贴切的教育资源。这需要教师坚定立场、明确目标，排除不健康信息影响。此外，教师还应该提高教育资源的整合效果。教师在互联网获取的教学资源并不一定完全适应学校教育目标或课程建设目标，要想有效利用这些资源，还要进行相应的资源整合，包括教育资源的筛选、重组和运用。教师要依据培养目标或课程计划，按照资源的优劣、真假、善恶等进行价值判断，将大量的与其教育教学相关性不大的教育资源进行剔除，保留最有价值、最为正确或合理的资源。然后，对筛选之后的教育教学资源进行编辑、加工与整合，逐步形成内容上、逻辑上和形式上较为统一的、个性化的教育新资源，力争将其融入自身已有的知识体系中或重构知识体系。最后，就是加强对资源的应用能力，即教师依据相关的目标或要求进行教学设计，合理分配教育资源，帮助学生进行资源整合，提高学习效果。

（2）提高运用网络技术的教学设计能力

信息化社会的到来，冲击力巨大。这需要教师具备极强的信息获取与驾驭能力，也需要教师学会利用网络、利用网络工具进行教学。优秀的培养方案好比是菜单，优质的资源好比是各种食材，但是如何去加工制作、为谁加工、加工的程度如何等不能忽视。这就需要教师基于学生的特性进行教学设计，而且是基于现代信息技术进行设计，引起学生学习兴趣，提升思政课堂的趣味性及有效性。

（3）提高网络信息鉴别能力

在网络上，存在着各种各样的信息，内容十分丰富，当然也会存在一些恶俗的不良信息，高等院校的学生明辨是非的能力较弱，不能准确地分析网上的一些信息，极其容易遭受不良信息的侵害，从这点上来看，就需要思想政治教育管理者必须具备高素质的修养和能力，能够对网上的各种信息进行分析区别。而对于思想政治教育管理人员来说，更应加强自己的品德修养，认真学习马克思主义，不断提升自己的水平，从自身做起，注意自身的道德素质问题，学习优秀的传统文化，借鉴历史，以史为鉴，提升自己的各方面素质和能力。除此以外，思想政治教育管理工作者还要加强网络法规学习，增强对网络道德标准的理解。

(4) 完善网络培训机制

网络时代思想政治教育工作者要了解网络发展和懂得使用网络。首先要明白网络的基础法律知识和网络的基本功能。思想政治教育管理者要提高自己的网络素养，对新时期提出的新目标要认真完成，充分掌握自己的工作职责。其次就是要学会运用网络软件，网络软件也是各式各样的，一定要经过专业的培训，了解相关软件的使用。最后就是要注意网络语言的使用和沟通交流，网络沟通与现实中面对面的沟通有明显的区别，所以更需要思想政治教育管理者转变传统观念，与时代接轨，融入网络交流的新天地。除此之外，注重综合素质的培训，思想政治教育工作者不仅要了解人文、社科等方面的知识，还要有辩证思维和团队合作精神等。为了应对网络时代的工作要求，高等学校在培训执行过程中，要突出自身的特色，通过多种形式，提高思想政治教育管理工作者的综合素质。

（二）加强高校思想政治教师的培训工作

1. 积极构建学术交流平台

构建学术交流平台，以各个学校的教研组为最小的学术交流单位，加强校与校之间、校内教师之间的交流与合作。以下总结几点建议：一是设立思想政治课教师学术交流专项基金。学校积极鼓励思想政治课教师参加各种学术会议，要求教师提交高质量的学术论文，以保证会议经费的有效使用。二是建立跨学科交流机制。在大学的各个学科中，思想政治、历史、地理都属于文科类，所以学校可以组织这三科的教师进行交流研讨，对自己课堂教学遇到的疑难问题、探索出的新教学主要手段方法、近期的学习心得等都可以进行交流借鉴，创新思维，取长补短。三是开展学术竞赛活动。为提高思想政治课教师的科研水平，学校可以开展学术竞赛活动，征集优秀的科研论文进行评比，并设置一定的物质奖励以激发教师的积极性，组织各个学科的教师进行切磋交流。四是构建校际学术信息交流平台。由于各个学校间的办学特色、历史文化积淀的差异，所举办的学术交流活动也不尽相同。同时，不同学校的教师的教学理念、科研成果也各有千秋。因此，学校应为教师提供各具特色的学术交流活动，应加强各个兄弟学校的交流合作，组织教师积极利用学校周边的学术资源，到兄弟学校听讲座、进行学术交流。五是构建国际学术信息交流平台。思想政治教育属于意识形态范畴，有人认为思想政治教育无法国际化，因为一旦国际化，就是我们吸收了西方资本主义的意识形态。其实这完全是无稽之谈，因为构建思想政治教育国际交流平台只是为了吸收借鉴其他国家优秀文化成果，有益于思想政治课教学的教学经验以及教学模式等。

2. 组织开展社会实践活动

任何理论知识都必须应用到实践才能真正发挥其价值，所以，高校需要组织开展相关的考察和实践活动，通过岗位锻炼来提升思政教师队伍的综合素质，切实加大高校思政教师队伍建设力度，促进我国高校思政课教育的发展。

为实现高校思政课教育目标，高校思政课教师在参与社会考察和实践过程中，必须全面且充分的深入了解生活，充分掌握社情民情，唯有如此，才能更好地利用马克思主义的辩证思维和唯物历史主义来解决相应热点疑难问题，树立教书育人的使命感和责任感，培养家国情怀。除此之外，要通过丰富多样的社会实践和学习考察活动，让思政课教师在实践体验中升华自身的价值认同，用自身的亲身感受丰富思政课的教学资源，增强思政课教师的高校思政课堂信服力，达到说理与用情相统一，真正做到"以理化人、以情动人"的效果，以此实现在社会实践与学习考察中加强对思政课教师的培训目标。

（三）完善高校思政教师队伍的激励和保障机制

1. 完善保障机制

通过多种方式，提升高校思政课教师的地位和收入水平，并在制度层面上提供更多保障。

首先，在组织层面上，由于高校思想政治教育事关我国意识形态安全性，具有一定的战略意义，有必要在组织层面上提供保障，实行"一把手"负责制。思想政治教师工作是高校工作的重要内容，应将其提上重要议事日程，明确各项相关安排。

其次，加强经费保障。一方面，合理配置资源，加大资源投入力度，在高校思想政治教育方面，党和国家提出了明确要求并进行了整体部署，而实现预期目标必须加强相关投入，以便确保相关决策的切实贯彻。但另一方面，需要对经费结构进行优化，提升资源利用的针对性和有效性，弥补思政课思想政治教师队伍建设的薄弱之处。

再次,加大监督力度,无论是提升待遇和地位,还是增加经费投入,抑或深化思想政治教师表彰,所有过程和行为都离不开监督保障。所以,只有不断加强监督保障,才能真正提升思想政治教师的地位。在社会主义现代化建设的新时代,高校思想政治教育承载了更多的责任,只有通过建立完善的保障体系,才能切实促进师风师德的弘扬,提高其地位待遇,促进高素质、专业化、创新型思想政治教师队伍建设,才能使得思想政治教师队伍不断向社会建设输出优秀的、合格的人才,培养满足时代要求的中国梦实践者。

2. 重视激励机制

合理的激励是队伍建设的重要手段。完善激励机制,要实现合理考核和有效激励的深度融合,消除以工作年限、年龄的资历排辈轮序和以维护集体为借口的平均主义,消除以职务任命长期不变动的"终身制"等不合理现象,建立起"能进能出、能上能下、能高能低"的科学合理、竞争上岗的激励机制,增进思想政治教师自我发展动力,激励优秀的思想政治教师在教学中充分发挥教学优势。

(1)要稳步扩大教师队伍规模,配齐相关专业人员,科学扩展选任专业和教师的准入条件,以确保能够实现思想政治教育目标。

(2)在专业技术职务评聘考核中,要单设马克思主义理论与思想政治教育类课程,且确保指标的不可挪动性。同时,根据规定,思政类专业技术职务的比例需要在平均水平之上。

(3)高校要落实中央政策,注重对教师队伍尤其是青年教师互联网媒体应用能力的培训。顶层设计的理念必须切实以思政课教师队伍的素质做保障,才能真正落地开花。所以高校要落实落细,下真功夫下狠功夫,制度化、常态化地开展网络信息技术培训工程,培养出一支既熟悉线下教学又能灵活、熟练操作微课、慕课等线上教育平台的队伍。

(4)高校要制定和完善对教师创新育人的激励政策,调动教师积极利用网络开展教学和学生管理的主动性,通过物质的和精神的奖励,长久地激发教师学习网络、利用网络进行网络育人的内在原生动力。

(5)在考核考察制度上,在激励机制的设置方面还应按照一定的考核比例,从思想政治教师的专业知识、科研能力、教学技能等多方面入手对思想政治教师的素质进行综合评聘。一方面鼓励思想政治教师主动承担科研任务，另一方面加强思想政治教师的教学实操能力，避免部分思想政治教师重科研轻教学或者重教学轻科研的失衡状况。对于表现较好和有特别贡献的思想政治教师，加强其表彰力度，积极树立典型，通过设立"名师工作室"，给予经费支持，加大宣传力度，充分发挥优秀代表人物的示范引领作用，不断增强思想政治教师对教学、学科和学院的归属感、责任感。在教师职称晋升上，给予相应的奖励和惩罚，倒逼教师不断提升现代化的教学水平，与时俱进地开展工作。

第五章　新时期思政课程理论与实践教学的一体化建设

思政课实践教学是思政课程教学的重要组成部分，本章分为三个小节，第一节对思政课程实践教学理论进行了阐述，第二节论述了高校思政课程实践教学模式，第三节以《思想道德与法治》课为例，提出了高校思政课程理论与实践教学一体化建设的路径。

第一节　思政课程实践教学理论

一、思政课程实践教学的含义

思政课程实践教学，顾名思义就是在思政课程理论教学全部完成的前提下，通过各种形式的具体实践途径，让学生进行体验和反思，进而达到对思政课程课堂所学理论知识的消化、吸收，进而内化为学生自己的理念和价值观，外化为学生的具体行为，真正实现学以致用，同时帮助学生掌握和树立马克思主义的世界观和方法论，成为优秀的新时代建设者和接班人。

思政课程实践教学的含义是多种不同方式的组合或者说结合，具体来说就是思政课程内实践、校内社会实践和校外社会实践三种实践方式的结合。

二、思政课程实践教学的意义

(一) 有利于培养高素质技能型人才

思政课程实践教学不只是课堂辩论和演讲,更多的是校内外具体社会活动的参与。具体来说,思政课程的实践教学能够让大学生有机会接触社会,参与社会活动,真实体察社会生活,在社会生活中领会和感悟国家政策、方针的重要性,人民渴望喜乐安康的真实诉求,进而提升自身的政治素质、思想道德素质和法律素质。与此同时,引导大学生能够灵活运用马克思主义哲学思想来分析和解决实际问题,增强自身的职业素养与职业技能,真正成为对国家、对社会有用的高素质技能型人才。

(二) 有利于提升思政课程教师的教学水平

作为一名思政课程教师,不仅要有扎实的理论功底,还要有掌控和驾驭课堂的高超技能,更为重要的是,思政课程教师要在潜移默化中将正确的"三观"、正确的思想理念渗透到学生的思想之中,让学生在思政课程堂上有收获,有获得感。而这种获得感的产生主要源自两个方面:一是有远见、有深度和穿透力的学术理论;二是要有丰富的实践教学环节,让学生在吸收有引领和穿透力的思想的同时,能够真正体察和感悟到生活的真谛、社会发展的规律……这对于思政课程教师来说是一个极大的考验,需要思政课程教师精心思考和设计每一节课,尤其是能将认识上升为行动的实践教学环节的设计上。因此,思政课程实践教学有助于不断提升思政课程教师的教学水平。

(三) 有利于提高思政课教育实效性

长期以来,传统的思想政治理论课教学偏重课堂理论灌输,忽视学生的个体感受和体验,注重意识形态的普遍要求,忽视学生个体的切实需要。学生对于思想政治理论教育缺乏兴趣,教育效果不甚理想。开设思想政治理论实践课,弥补了传统教学的不足。由于实践教学重视学生的参与、体验和思考,通过丰富多彩和学生喜闻乐见的实践活动载体,使学生在实践中把握当代中国马克思主义的精神实质，提高学习思想政治理论课的热情，自觉投身到中国特色社会主义建设事业的伟大实践之中。

（四）有利于推动思政课程的教学改革与创新

思政课程具有极强的思想性和理论性，同时也是实践性非常强的一门课。思政课程实践教学不是一成不变的，而是要根据时代的发展以及学生群体特点的变化来适时地进行调整，这一调整本身就意味着要不断地对思政课程的教学环节进行改革和完善，不断创新教学的方式方法，尤其是实践教学环节的教学方式和方法。实践教学环节是与社会实际与时代发展紧密结合的，必须以当代学生最能接受、最愿意接受的方式来呈现，这样才能激发学生参与实践的兴趣和热情，从而能够有效地保障思政课程的教学效果，同时也能有效推动思政课程的教学改革与创新，真正让思政课程有温度、接地气，而不只是理论的输出。

三、思政课程实践教学的基本特征

要想正确构筑思政课实践教学这一育人平台，就必须用它自身的特殊属性将思政课实践教学与其他相似概念区分开来，让我们对它有更加清晰的认识，为发挥其作用而打好基础。以下是它的三个基本属性：

（一）实践性

实践性是区别实践教学与理论教学的根本之处，是思政课不再苍白无力的制胜法宝。开展思政课实践教学既可以对理论教学进行延伸和补充，又可以让学生摆脱说教式教学，让深刻、严肃的理论知识活起来。学生以主体地位参与实践教学活动，在活动中可以获得独特的体验，并深化对理论知识的理解，提升理论学习的广度和深度。同时也有助于提高学生运用理论知识的能力，让学生在自我教育中，提升自我认知能力和道德素养。

（二）课程性

课程性这一特征是用来区分思政课实践教学与大学生的一般社会实践活动。高校里大学生课程众多，校园生活丰富，有各种各样的社会实践活动，这些活动都可以起到锻炼学生能力、提高学生素质的作用。但并不是所有实践活动都可以称之为思政课实践活动。思政课实践教学是隶属于思政课的一种教学方式，有鲜明的思政课程特征。它始终是围绕思政课的教学内容展开的，目的是完成思政课立德树人的目标。

（三）社会性

社会性这一特征主要是区别思政课实践教学与理工农医类的专业实习。理工农医类的专业实习主要是通过各类专业性的实习，增强学生的实践技能，侧重培养学生的专业技能，也就是从做事的角度进行培养，是为日后进入社会，从事相关工作打好专业基础。而思政课实践教学是学生实现社会化的重要抓手，它是依托实践教学这一载体从做人的角度进行教学。学生可以通过思政课实践教学来感受社会，进一步培育学生社会责任感和使命感，使其能快速融入不断变化的社会。

第二节 高校思政课程实践教学模式

一、高校思政课课堂实践教学

（一）课堂实践教学概念

课堂实践教学是在课堂上创设一种情景或者设计一个环节，让学生亲身参与的实践教学模式，这种实践教学模式能够将课堂上教师的理论讲授与学生的亲身实践紧密结合起来，当堂讲授，当堂练习，加深学生对教师讲授内容的思考与认识。我国的思政课具有鲜明的理论性和政治性，而这样的特点往往会让课程在讲授起来略显枯燥，而且对于广大"00后"的高校学生来说，他们对于过去几十年甚至上百年的历史事件也比较陌生，而课堂实践教学模式则能有效降低思政课抽象与枯燥的程度。

课堂实践教学通常包括课堂辩论、焦点论坛、小组讨论、案例分析、影像展播、情景模拟等，这些课堂实践教学模式的存在能够把相对抽象、枯燥的理论或历史久远的事实通过课堂的某一个环节来重新展现出来,也能让学生对思政课的相关知识有更为直观、具体的认识,同时,课堂实践教学这一模式能够有效激发学生课堂学习的主体性与自主性,培养学生的思辨能力。

(二) 思政课课堂实践教学类型

1. 思政课堂分享会

当前,我们身处互联网时代,互联网时代最为鲜明的特点就是人们获取信息日益便捷、多元,人们每天都可以接收到海量的信息,但是每一个人的关注点不一样,这又导致每个人接收的信息量虽然大,但信息内容却各不相同。在思政课课堂上设置分享会这一课堂实践教学形式,就是要达到两方面的目的:一方面是让高校学生把自己在网络和生活中获取的海量信息通过课堂这一平台进行交换,拓展学生的视野,丰富学生的信息和知识;另一方面是引导学生正确、有效使用互联网,避免学生陷入无聊低俗的影视作品、游戏中不能自拔,避免学生整日被海量的信息淹没却无所收获。

通过分享会这一课堂实践教学形式,思政课教师能够快速了解自己所教的高职学生目前关注什么,他们的兴趣点在哪里,教学时选取什么案例能够引起学生的兴趣,提高教学效果。与此同时,分享会这种课堂实践教学形式也有助于学生将自己碎片化的阅读加以整理。因为高校各门思政课中每节课都会有分享会这一形式,这样就倒逼学生必须拿出能和同学分享的素材,而且必须对分享内容有所思考。这样日积月累,将有助于培养学生思考的习惯,而且还能让学生做一个生活的有心人,善于发现,善于思考,敢讲真话,从而获得更多关于人性、道德、法律、国家、社会等方面的感悟和体会。

分享会这一课堂实践教学形式看似普通,实则意义非凡,很多课程的课堂实践教学中都会使用,特别是在旨在改变学生思想与行为的思政课上。一则它为广大高校学生提供了一个在课堂上相互交流的平台,有助于高校学生做一个生活的有心人,善于阅读善于发现、善于思考、善于利用自己碎片化的时间;二则它为思政课教师了解学生的思想和生活动态以及学生的关注点、兴趣点提供了一个窗口,有助于教师在日后教学中选取的教学案例既符合时代特点又能激发学生的学习兴趣,有效提升思政课的教学效果。

2. 思政课堂辩论赛

思政课中运用课堂辩论就是思政课教师结合教学内容在适当的时机选取适当的辩题让高校学生在课堂上发表自己的观点,对不同观点进行辩驳,通过辩论这一活泼的课堂实践形式,让学生对某个问题有更为全面、深刻的认知。需要注意的是,课堂辩论中,辩题设置要能更好地体现教学内容和实现教育目的。高校思政课的教学内容涉及道德、法律、历史、政治、社会等多方面,具有注重理论、关注现实、联系历史的特点,其中既有一些关键性的重点问题,也有一些抽象性的难点问题,把这些重要问题和难点问题设置成辩题让学生进行辩论,能很好地突出教学重点和突破教学难点,从而能很好地带动整体教学以实现教学目标。

课堂辩论从表面看只是课堂上几十分钟的双方辩论,实际上却是对学生多方面能力的综合考察。在准备辩论之时,双方辩手要查找大量的资料,既要有佐证己方观点的资料,又要有辩驳对方观点的资料,同时还需要双方辩手内部合理分工、有效协作,发挥每个人的最大优势。在具体展开辩论之时,双方辩手需要高度集中注意力,随机应变,恰当表达自己、辩驳对方,同时还要注重辩论的礼仪,做到有理有节。真理越辩越明,辩论这一思政课课堂实践教学形式有助于高校学生在辩论当中不断重新认识和修正自己的价值理念,进一步明确自己的人生理想与信仰。

激烈的辩论比赛结束后,学生各有自己的看法甚至疑惑,"不愤不启,不悱不发",教师应抓住这一有利时机,通过对辩论赛的点评,引导学生巩固所学知识和形成正确观点,实现预定的教学目标。

3. 思政课堂讨论教学

这一方法是指教师通过预先的精心设计与组织,引导学生就特定问题展开讨论,发表自己的见解,提高学生学习的独立性、思辨性和创新性。通常包括同桌讨论、小组讨论、班级讨论,其特点在于交往与沟通的多向性、知识构建的主动性、互动过程的竞技性、学习过程的朋辈互助性。实施讨论式教学应做到:一是议题的设置要内容饱满、有事可议、贴近实际、有价值导向。二是讨论目的要清晰明确,符合教学大纲要求,有助于知识难点、重点的理解和综合能力的培养。三是讨论要体现学生的主体、主导角色,把全体学生当作主要参与者。四是要有充分的讨论方案,包括:课前备课充分,包括备教材、备学生、备论题、备场景;讨论进程可控,包括分组方式、讨论时间、讨论过程组织、讨论氛围激发与创设;讨论总结全面,包括论题剖析、论点汇总、讨论过程回顾梳理、讨论效果点评分析。

4. 思政课堂角色扮演

人是社会性的动物,每个人都需要和社会中的他人发生联系,同时也只有在与他人的合作中才能实现自己的人生价值。当前高校学生是一个有思想、有个性的群体,他们渴望展现自我,得到他人、社会的认可,但是由于其生活的特有的时代背景导致其大部分都是独生子女,在其家庭生活中缺乏与同辈互动协作的经历,这也导致这一代人普遍存在不同程度的以自我为中心的性格特点。然而,现实的社会生活却是一个需要彼此协作方能成就你我的场域,因此,懂得换位思考,能够理解、包容、合作是当代高校学生未来发展的必备品质,也是思政课在高校人才培养方面的重要目标。广大高校学生在成为社会的栋梁之前首先要成为一个有思想、有道德的青年,成为一个能够与他人良好沟通、互动、协作的青年。

角色扮演的实践效果历来都非常显著,深得思政课教师与学生的喜爱与认可。角色扮演的目的主要有两个:一方面,要让学生用自己所扮演角色的思维去思考,去行动,去揣摩自己所扮演的角色本人是怎么想的,他应该怎么做,他为什么会这样做;另一方面,通过角色扮演,高校学生也能感受到面对他人对待自己的某种态度时自己的感受是什么样的,而这种态度恰恰是自己曾经用来对待别人的态度。角色扮演在思政课教师的精心设计之下,能够让高校学生通过扮演不同的角色来获得不同的感受,对他人、对事物有一个更为真实、全面的认知。

角色扮演就是在思政课上教师根据教学需要设计一个情景,情景要真实、具体,让学生身临其境,真实感受不同情景之下人的感受、思想与行为,从而对某个问题或者某种理念有一个科学、全面的感知和认识。在思政课教学过程中,尤其是思想道德与法治这门课的教学中,涉及很多关于人生观、价值观、理想道德、法律规则等方面的内容需要给高校学生讲述,然而仅仅依靠教师的讲授往往难以达到让学生感同身受,进而学会换位思考、理解他人的目的,角色扮演则能以一个全新的视角和方式帮助高校学生对某个问题，对某些人的理念、行为有一个全新的理解和认识，走出之前的认识误区或者发现自己在认识上的盲点，还能通过真实的情景模拟和具体角色的扮演更深刻地感受此时、此地、此人、此景，理解当事人的感受与行为，做一个有情感、有情怀、有理性的青年人。

5. 思政课堂焦点论坛

当前高校学生身处资讯异常发达的全媒体时代，足不出户即可了解全球资讯要闻，每时每刻都能轻松获得来自全球的资讯，这些信息当中既有政治方面的，如各国政党新闻事件、国家间的政治往来等；也有经济方面的，如各国经贸往来、全球经济动态等；还有文化方面的，如各类主流文化、亚文化之间的交流与碰撞等；还有生态方面的，如全球生态危机等。不同的时间段，总会有一个或者几个国内或者国际事件、话题是当时人们广泛关注的。高校学生又有着很强的好奇心和求知欲，焦点论坛理所当然成为当代高校学生喜欢的课堂实践教学形式。焦点论坛旨在引导学生关注生活，关注国内外社会热点，在关注的同时还能保持理性的认知去分析问题，进而提出具有建设性的有效地解决问题的想法或方案，培养和锻炼高校学生理性看待问题的素养和能力。思政课既要有较高的政治视野和占位，又要有理论的深度，还得接地气，让学习的学生感兴趣、愿意学，焦点论坛无疑能够激发学生的课堂参与热情和动力。

具体来说，焦点论坛就是在思政课的课堂教学中引入当前时段的国内外热点问题或者话题，让教师和学生共同就这一被人们广泛热议的焦点问题进行讨论，在师生共同讨论的过程中，教师引导学生去深入分析和思考问题。焦点论坛的"焦点"主要体现在两个方面，一方面是问题本身是"焦点"，另一方面是让讨论成为本节课的"焦点"。问题本身是"焦点"的意思是思政深上讨论的问题本身就是当前时段内人们所广泛关注的焦点问题，高校学生也非常关心、想要了解的事件，同时对于此事件也有着自己的看法和观点，如"霸座"现象、校园霸凌事件、中美贸易摩擦事件、"一带一路"高峰论坛等。让讨论成为本节思政课的"焦点"，是指让焦点论坛环节成为课堂上高校学生能力素养提升的关键环节，让学生在具体人物事件、特定话题的讨论中，学会从多个维度去思考问题，进而培养成一种良好的思维习惯，经常去思考规则制度、人性道德、权利与义务以及一个国家的历史发展、政党的更迭等，从而更为深刻、主动地去理解客观世界和自己的主观内在。焦点论坛中焦点的选取对于教师的要求很高,一方面教师要真正选取学生关注的当前热点、焦点,另一方面要真正将焦点论坛打造成提升学生能力素养的焦点环节。

6. 思政课堂案例分析

案例分析教学法是 1920 年起源于美国的一种很独特的教学方法,1990 年以后引起国内教育界重视并加以研究,近年来被高等学校、干部培训甚至中学教学所广泛采用。案例分析教学法的优点在于可以激发学生独立思考,可以引导学生由注重知识向注重能力培养转变,可以促进师生之间、生生之间的双向交流。

案例分析是课堂上经常使用的一种实践教学方式,案例的选择和引入是一个非常需要谨慎、认真对待的事情,需要教师花费很多心血去选择、甄别,同时案例分析对于学生来说又是非常有吸引力的一种实践。因其真实性以及内容的丰富与曲折性,学生非常有兴趣去了解案主到底发生了什么,通过案例的描述去思考他为什么会这么做,他这么做有何不妥,他应该怎么做,等等。在这一系列的分析和思考过程中,学生对于某个人物、某个事件就会有更进一步地认识,甚至会对照自己生活中的行为进行思考,从而产生对事物的新的认知和行为,教学效果也会非常好。

在思政课中运用案例分析就是在思政课上就某些学生难以理解的理论或者知识点,思政课教师通过引用并分析一段真实的历史故事或者事件来帮助学生对知识进行掌握和理解。案例分析可以用来引出某个知识点,可以用来理解某一个具体的理论,甚至可以借助某一个案例来对某段历史进行分析,但是不论案例如何被使用,它都是要服务于我们思政课的教学目标的,都是让学生深刻理解知识,同时学会用理论来分析案例或者学会从具体的案例中去总结历史规律和经验,进一步深化认知。为了使案例分析教学更有效,教师要做到:一是要收集丰富而又有针对性的案例,包括案例的时空要素、人物要素、冲突要素、问题要素及社会影响要素。二是要积极创设案例研习环境,引导学生全面参与到案例的研讨过程中来。三是要强化课堂案例研习沟通的成效。分组研习案例时组员的人数不宜太多,通常小组规模保持在 5~9 人,以便为学生提供面对面充分沟通、研讨、交流的时间与机会。四是要注重结果反馈。教师要及时对案例进行分析,并对学生的案例研讨结果进行点评,以便学生可以得到及时的反馈。

7. 思政课堂影像展播

当代青年身处全媒体的时代，每天都可以通过各种渠道、载体接收各种自己喜欢的、感兴趣的资讯，在众多媒介载体之中，比较受高校学生喜欢的有抖音、快手、微信、微博，等等。这些媒介都有一个共同点，就是图文并茂，影像资料较多，极具视觉冲击力，能够给人以单纯口头讲授无法达到的感官冲击，这对高校学生产生较为强烈的吸引力，激发年轻人的浏览兴趣，影像资料的内容也给年轻人留下了极为深刻的印象。时间长了，他们就形成了使用这些媒介的习惯，最终成为其忠实的使用者。

在极具政治性和理论性的思政课堂上引入影像资料能够有效避免单纯理论讲授给高校学生带来的枯燥感，同时影像资料极富视觉冲击力能够吸引高校学生的眼球，影像资料的这一特点能够激发他们观看影像资料、思考影像中所反映的现象和问题的兴趣，让他们对思政课的内容产生了解和学习的欲望，思政课教师带着这些学生的疑虑和想要进一步了解的问题进行课堂教学，无疑能够紧紧抓住高校学生的课堂注意力，将思政课程中学生认为枯燥的理论和知识通过一种生动的方式展现出来。这无疑有助于高校学生更好地学习思政课。

影像展播就是思政课教师根据思政课程教学的需要，在思政课的教学过程中有计划地播放一些弘扬社会正能量，体现中华民族抗争与探索历程，展现中国革命和建设过程中涌现出的优秀人物与事迹的影像资料，以期能够激发学生的爱国热情，培养学生的家国情怀和优良道德品质，有效提升思政课的教学效果。影像展播作为思政课课堂实践教学的一种形式，影像资料也只是一种载体和媒介，不能完全代替课堂教学，而且影像资料中纪录片比较多，一部纪录片的时间都比较长，所以思政课堂上影像资料的播放时间也是要有严格限制的，不能一节课都用来播放影像资料，而应该在有所选择、截取的基础上为学生播放优质资料。播放影像资料的目的是通过影像资料激发学生的学习兴趣，加深其对某个知识点的理解，同时通过观看后课堂提问的方式，引导学生思考并付诸行动。如果学生对课上播放的影像资料兴趣浓厚，教师可以提供影像资料的链接或者资源，让学生在课下自行观看学习。

影像展播是"毛泽东思想和中国特色社会主义理论体系概论"课程中经常被用到的一种课堂实践教学形式，它将离当代高校学生比较久远的历史事件与人物通过具体的影像资料呈现在高校学生面前，无疑增强了该门课程的吸引力和学生对于所学知识点的关注度，同时有助于提升该门课的教学效果。

8. 思政课堂专题讲座

专题讲座不同于焦点论坛，焦点论坛主要目的是让学生关注生活、关注社会、关注时政，善于发现和思考问题，引导学生从多维度思考和分析问题，学生是主体，教师是辅助，但是专题讲座则不然。专题讲座是就某一个热点问题、难点问题，邀请知名专家、学者或者对此方面有深入研究的本校教师为学生进行系统讲授，帮助学生更深入地理解该问题。这其实是对思政课课堂教学内容的一个再丰富和补充，有效弥补了思政课中经常出现的教学内容很多，但教学时间不够，很多知识点无法详细深入讲解的不足。因为对某一个热点或者难点问题的系统讲授过程本身就会涉及很多知识点的回顾与认识，同时，专题讲座基本都是在征求学生意愿的基础上开展的，所以专题讲座的主题也往往会是社会的热点问题或者老大难问题。因此，专题讲座既能结合社会实际，又能从专业、学科的角度去深刻剖析当下社会存在的各种问题，还能在某一专题的讲授过程中将最新的学科前沿理论带给广大高校学生，真正将思政课与社会实际和理论前沿有机结合起来。

就思政课程中的"毛泽东思想和中国特色社会主义理论体系概论"来说，是一门极富思想性、政治性和历史性的课程，对于其中很多知识点或者某个具体问题的理解都需要有一定历史背景知识，而且某一个问题从产生到发展是一个逐渐演进的过程，需要历史地、系统地分析方能对它进行全面的掌握。短暂的课堂讲授显然不能满足学生对于某个知识点全面理解和掌握的需求，而专题讲授作为课堂实践教学的一种重要形式能够有效弥补这一不足，通过邀请某一方面的专家或者对此方面有深入研究的思政课教师，就某一知识点或者问题进行深入、系统的阐述，有助于高校学生真正理解某个历史时期党和国家的决策制度，同时也能联系当今时代的社会现象与问题进行分析，从而对学生有所启迪。可以说，专题讲座能够真正将思政课与社会实际和理论前沿有机结合起来，是一种非常重要的课堂实践教学形式。

二、高校思政课校内实践教学

(一) 校内实践教学概念

校内实践教学是指除去课堂实践教学之外,发生在学校校园里的一切实践教学活动。具体而言,是在高等院校校内思政课程们通过各类社团组织或者与学校各个部门合作,如图书馆、团委等,在校内开展各种类型的校园文化、宿舍文化、班级文化和社团文化建设活动,让学生在参与学校的集体活动中提升团队意识和协作能力,提高自身的综合素养。虽然校内实践教学相比课堂实践教学对时间地点限制较小,但是也有思政课知识指向性不够明确,学生获得感不高等疑难问题的存在。

校园实践教学旨在通过校园内丰富多彩的校园活动来加深学生对于人生、社会乃至世界的认识,这种实践教学模式比课堂实践教学模式有着更大的自由度,同时也有助于丰富学生的校园文化生活。具体来看,校园实践教学模式主要包括校内调研、图书寻访、主题演讲、主题展示、微电影制作、文明评选、校园文化节,等等。

校园实践教学能够充分利用校园内部的各类资源,发挥校内资源的优势,例如校内图书馆、体育馆、学生活动中心、学生宿舍等场所设施,同时还可以充分利用校内丰富的师资力量、学生资源、科研成果等。这些丰富的校内资源可以让高等院校的学生不断拓展自己的理论知识,深化对课堂所学知识的理解。思政课是一系列既富含科学理论,同时又紧密结合社会实际的课程,既有关于几百年前资产阶级及其政党革命的理论知识,也有关于当代高校学生理想信念的阐述,还有关于近期发生的国内外大事的分析。学生可以利用校园实践教学模式的多种具体方式来加深对它们的认识,例如通过图书阅读来了解百年前资产阶级及其政党革命的知识,通过校园走访、调研来真正了解当代高校学生的理想信念状况,通过主题演讲或者展示等途径来深入分析和理解当前国内外大事及其对于我们国家、民众的影响。校园实践教学模式可以说是一种连接学生课堂学习与自我实践的重要方式,能够有效提升思政课的教学效果。

(二) 思政课校内实践教学类型

1. 开展主题演讲

当代高校学生普遍具有思想丰富、视野广阔、喜欢表达自我的特点，演讲无疑能够给他们提供一个表达自我、展现自我的平台，演讲这种形式一直以来也深受高校学生的欢迎。其实，演讲不是空洞的说教，也不是社会现象的罗列，更不是人云亦云的老生常谈，而是要全面、彻底、充分地表达某一个观点，并且要让听者能够理解、明白你所表述的问题或者内容，所以演讲对演讲者的综合素养要求很高。

主题演讲作为一种常见的校园实践教学方式，主要是以高校学生的演讲为载体，演讲要紧紧围绕某一个主题展开，通过对该主题的阐述帮助高校学生对该主题相关的知识点有进一步的认识。演讲的过程需要高校学生认真搜集资料、精心整理资料，努力分析和思辨问题，这本身就是高校学生的一个自我教育的过程，同时也是对其理解能力、分析能力和表达能力的一次锻炼。主题演讲，演讲本身不是目的，而准备演讲过程中的一系列收集资料的过程、分析资料的过程和对资料进行总结升华的过程才是真正锻炼高校学生的过程，也正是主题演讲的目的所在。

思政课教学实践运用主题演讲就是思政课教师根据思政课的教学需要，选取一定数量的高校学生感兴趣的、能够引发学生思考的问题或者观点作为演讲主题，在高校校园范围内广泛号召高校学生参与的演讲活动。例如在国庆节到来之际，在高校校园范围内开展"我与祖国共成长"的主题演讲活动，每一个高校学生都有自己成长的独特经历，同时每一个高校学生都是在中国改革开放益繁荣富强的大环境中成长起来的，说起自己的祖国都能够有话可说，而且在思政课堂上特别是"毛泽东思想和中国特色社会主义理论体系概论"这门课上教师讲授了很多近代以来中华民族抗争与探索的历史，学生在演讲的过程中会有很多的史料引用，这也进一步巩固了学生在思政课堂上所学的知识。由此可见，主题演讲是思政课教学在高校校园内的一种拓展和延伸，它不但有效拓展了思政课的教学领域，而且锻炼了学生表达自我、展现自我的能力，丰富高校学生的校园生活，真正在高校校园内将高校学生的课堂学习与校园生活有效地结合起来，是一种生动的校内实践教学形式。

2. 进行校内调研

一切从实际出发、实事求是是马克思主义的基本原则，也是思政课想要传递给学生的一种做人、做事的基本价值遵循。高等院校的学生接触最多的就是各种理论知识，而理论的生命力在于其源于实践而且能够指导实践，因此，理论联系实际、一切从实际出发、实事求是也是高等院校高校学生未来成长成才的基本前提。调查研究就是一种最为基本的接触生活、接触社会、接触实际的基本途径，它能够帮助高校学生将自己在课堂上所学的理论知识与现实社会生活中的实际相结合，从而更为全面、立体地了解生活、了解社会，进而理解自己在课堂上所学的相关理论。

校内调研是了解当前高校学生心理、思想与行为的重要渠道，也是高校思政课校园实践教学的一种重要形式。校内调研主要的调研群体为高校学生，调研者多为高校师生，调研的对象也多为高校学生，而调研的方式是问卷调查和访谈调查法，一般都是问卷调查结合深度访谈，高校学生进行校内调研的过程也是了解同学、了解学校、了解当代高校学生状态的一个重要渠道。进行校内调研首先需要在校园内进行相关数据资料的收集，这对高校学生的表达能力、沟通交流能力都能起到很好的锻炼作用，在收集资料的基础上还需要对资料进行高效的整理和分析，这也是对学生缜密思维能力的锻炼。调研不但要调查现实情况，更为重要的是能够从调查所得的数据中发现问题，分析和寻找问题产生的原因，进而探索有效地解决该问题的具体方法和路径。因此，校内调研是对高校学生综合能力的一个锻炼，同时也是思政课教师深入了解当代高校学生尤其是自己所教学生特点的一个非常重要的渠道。

校内调研就是思政课教师根据教学目标与学生培养目标，以大学校园为载体和平台，结合思政课的教学内容，号召和组织高校学生在大学校园内开展各种贴合大学和高校学生实际的实地调查研究活动。当代青年学子极富个性而且很有思想，但很多时候，部分高校学生的思想有些偏激，并不符合社会实际，思政课教师仅仅依靠单纯的课堂讲授或者说教，很难达到说服此类学生，帮助其确立客观理性思想和观点的目的。而校内调研则能很好地达成这一目的，例如有些学生认为当代高校学生都是精致的利己主义者，缺乏爱国情怀，显然这一观点并不客观，以偏概全，尽管思政课教师在课堂上对此观点进行了澄清，但是对于改变持此类观点学生的思想可能作用有限，唯一能够让这些学生心悦诚服的做法就是让他们自己在大学校园进行调查研究。校内调研他们能够实地与同学进行零距离的接触、观察和访谈，真正了解周边高校学生的所思所想和所为，从而发现大部分高校学生都是有着一份爱国的热情和情怀，而且也是乐于助人、关爱同学和关爱社会的，并非都是精致的利己主义者。通过实地调查研究，这些学生走出了自己狭隘的世界，转变了自己原有的想法和观念，真正达到知行合一。由此可见，校内调研对于了解当前高校学生的思想动态、行为习惯与价值观念效果明显，也有助于培养高校学生知行合一、实事求是的严谨作风。

3. 举办知识竞赛

知识竞赛这一校园实践教学形式不同于其他形式，它最能激发学生学习知识的主动性与热情，其他实践教学环节更多的是帮助或者说辅助学生理解某一个知识点的内容，而知识竞赛则直接指向知识点，而且对于知识点的涵盖面非常广，它以比赛的方式呈现，激发高校学生赢得比赛的热情，学习的主动性随之提升。

在思政课教学实践中运用知识竞赛就是思政课教师结合教学大纲和教材所学内容，为了考查课程当中的某些知识点和内容，拟定竞答的题目和相关参考答案，组织校内学生以竞赛的方式参与其中，并且通过竞赛的方式来巩固所学知识和内容。同时，知识竞赛还具有其他校园实践教学形式不可比拟的优势，那就是知识竞赛形式非常灵活，既可以在整个大学校园开展，也可以在某个二级学院开展，还能够以班级为单位开展，不同规模和级别的知识竞赛都是为了达到同样的目的，那就是帮助高校学生更好地理解和掌握思政课或者与思政课相关的内容。例如，某高校在思政课教师的倡导和组织下开展了"改革开放四十三年"的知识竞赛，因为是围绕改革开放四十三年所发生的人和事，范围非常广泛，所以学生在准备知识竞赛时需要查找和收集大量的与改革开放相关的资料，这其中涉及政治、经济、文化和社会生活的方方面面。为了得到知识竞赛中好的名次，在这期间学生学习的主动性往往特别强，而且也非常有针对性，在如此积极、主动、高强度的学习之下，一个非常好的结果就是，经由此次知识竞赛学生对改革开放四十三年这段历史时期的相关知识掌握得都非常扎实。由此可见，知识竞赛不但能推动学生的自我学习，而且能够在高校范围内营造一种全体学习、热爱学习的良好学习氛围，这也是一种非常好的思政课校园实践教学形式。

4. 制作微电影

当代高校学生身处微时代，每天不仅能接触到大量的微媒体，而且学生自己也非常善于使用各种类型的微媒体和相关软件，特别是现在高像素的智能手机带来极大的便利。每一个学生都可以通过智能手机和相关软件来制作各种类型的微视频、微电影来反映社会现实，表达和展示自己的所思、所想和所感。高校学生思维活跃，学习能力、创新能力强，对社会、生活有着敏锐的感知力和洞察力，对于视频剪辑类的软件使用也非常熟练，他们习惯自拍，也乐于摄影而且擅长拍摄各种类型的视频、影像资料。高校学生对于具有视觉冲击力、立体生动的影像资料往往都比较感兴趣，因为视频、电影等影像资料可以借助声音、图像、动作、台词、道具、场景甚至特技等多种途径去再现某一场景，表达某种观点和情感，能够带给人更为真实的情感体验，这也是其他媒介无法比拟的优势，而这种优势也正好能够满足高校学生的需求。

在思政课中运用微电影制作就是为了提升思政课的教学效果，思政课教师鼓励高校学生综合利用当前微时代的多种媒介和软件，联系思政课所学的知识以及当前高校校园或者社会中经常出现的现象，结合自己对某些问题、现象、观点的看法，以个体或小组的方式演绎和拍摄相关视频内容，并对所拍摄的视频加以剪辑、整合形成一个完整的视频资料。例如在"毛泽东思想和中国特色社会主义理论体系概论"中既有中国共产党带领全国人民在苦难中求索、抗争的内容，也有中国共产党带领全国人民建设和发展祖国的内容，当前中国繁荣稳定和谐的局面就是中国特色社会主义制度优越性的集中体现，仅通过教师的讲授则无法让当代高校学生深刻感知中国特色社会主义建设的辉煌成就，而微电影制作则是一个深爱高校学生喜欢且能调动其积极性，引导其主动地自觉地去了解和展示中国共产党带领全国人民实现中国梦、实现民族复兴之梦的重要实践教学环节。

微电影制作是一种综合的实践教学形式，因为思政课有微电影制作这一实践教学要求，所以能够倒逼高校学生做一个校园生活的有心人，时刻留心、留意校园内外发生的种种事情或现象，并能够从思想政治教育的角度去看待和思考这一现象或者问题。此外，微电影制作表面看似轻松，只需随手拍摄一段视频即可，实则任务繁重、要求很高，既需要有较高的主旨、立意，又需要小组成员精诚合作，撰写脚本、布置场景、指导演员表演，还需要小组成员有较高的视频软件使用和制作水平。其除了对高校学生有较高的要求，对于高校思政课教师的要求也很高，需要思政课教师在学生微电影制作的过程中全程参与指导，一则有效保证微电影的主旨鲜明正确，一则严把质量关，帮助学生提升微电影的制作水准。由此可见，微电影制作这一校园实践教学形式能够有效调动教师和学生双方的热情与创意，同时也能充分发挥和展现当代高校学生思想觉悟与专业技术方面的能力和水准。

5. 举行校园文化节

高校云集了来自全国各地的学生，高校学生兴趣广泛且多才多艺，因此，高等院校的校园文化向来类型多样、丰富多彩，这也为高校学生发挥和施展自己的才干提供了广阔的舞台。校园文化的丰富性体现在其既有与高校学生学习密切相关的文化活动，如各领域的技能竞赛等，又有与高校学生兴趣爱好关系密切的文化活动，如舞蹈、民乐演奏等，还有紧密结合时代特色的网络相关活动，如 XX 大学最美志愿者网络评选活动等。党中央、国务院一直以来非常重视高校学生文化节的建设，注重充分发挥大学校园文化的育人功能，不断引导高校学生积极参与和谐校园文化的建设，在建设和推广校园文化的过程中促进当代高校学生的全面发展，展示高等院校在素质教育方面的显著成果。在影响和改变人的思想和观念方面，恐怕没有一种形式能够比文化这一形式更加深刻且细腻地发挥其作用了，文化往往以一种润物细无声的方式在潜移默化中影响和改变着人们。身处高校校园的学生每日浸润于校园文化的熏陶之中，自己在不知不觉中也有了改变，而很多时候学生自己却浑然不觉，因此，我们应该充分利用文化以及与文化密切相关的形式和载体来影响和改变学生。

思政课与校园文化节结合就是为了在潜移默化中影响和改变高校学生的世界观、人生观和价值观，因此思政课教师以及高校学生工作部门、团委须多方协同在高校校园内推进校园文化节的建设，其中学生工作部门主要负责学生的培训与管理，团委主要负责学生文化社团的组织，思政课教师主要负责文化节主题的确定以及学生社团活动的指导与提升。校园文化节的文化活动丰富多彩、形式各异，也正是因为丰富多样，所以很容易落入俗套，没有思想内涵；文化节的主旨不是单纯让高校学生热闹一番而已，而是要借由校园文化节中贴合高校学生实际的各类活动，引发学生对于人性、社会、国家和民族的思考。与此同时，在思政课教师的指导下，学生能够意识到自己身上肩负的责任与重担，进而通过自己的社团活动去进一步影响和改变周边的同学，从而达到改变高等院校校园文化环境和氛围使其更富思想性的目的。

6. 布置课外作业

要想让学生对于某些知识点的理解和掌握比较扎实，仅仅依靠课堂上有限时间内的教师讲授显然是不够的，还需要学生在课堂之外勤加思考和练习。一般学生课堂之外的时间都比较充裕，能够独立完成教师布置的作业而且当前高校图书馆的馆藏资源都非常丰富，再加上现代社会互联网技术非常发达，学生可以借助很多媒介来查找、阅读相关文献或者历史资料。在查找阅读的同时也锻炼了学生对海量资讯甄别、选择的能力。因为互联网虽然可以给人提供海量的资讯和信息，但这其中信息有真有假、良莠难辨，需要学生进行去粗取精、去伪存真，从而获得真正有用的资料。

思政课的课外作业就是思政课教师根据教学所需，结合学生在课堂上对某些知识点或者理论的掌握程度，有针对性地设计一些思考或者实操性的作业，让学生在课堂之外完成。需要注意的是，课外作业不应该停留在思政课教材中某个具体知识点的背诵与读写上，而应该是源于教材而又高于教材，是能够将教材内容与个人生活、家庭、社会乃至国家相联系的具体问题的思考与实践上。面对这种类型的课后作业，学生往往难以在互联网上查询找到直接的答案，而是需要在查找资料的基础上，自己去思考，去建构，去实践，真正经由自己的付出与努力去获得答案。思政课的这种校园实践教学方式也是检验学生对课堂所学知识、理论掌握程度以及理论联系实际的一种非常好的方式。

三、高校思政课社会实践教学

（一）社会实践教学概念

要想让当代的高校学生学有所获、学有所成，仅仅依靠课堂讲授显然不够，更需要学生在课堂之外、校园之外广阔的家庭、社会生活中去体会和感悟，才能真正收获学习、生活的真谛。思政课校外实践教学就是充分利用大学校园之外的广阔空间，来影响、锻炼和提升当代高校学生的思想道德修养和社会责任感，将高校学生的个人实践与广阔、生动的社会活动空间相联系起来，真正教会高校学生如何做人做事。

社会实践教学是指学生利用课余时间或者寒暑假，在校园外进行的所有与思政课相关的实践活动，主要有社会调研、志愿服务、参观红色基地等。社会实践教学的功能性较强，学生在社会参与中加深对社会的认识了解和情感体验，经过实践活动的洗礼，了解社情、国情、党情，养成关心社会的习惯，了解群众的冷暖疾苦，体察社情民情，激发爱国爱党热情，增强对思政课理论知识的吸收和理解，提高自身的综合能力，增强自身的社会责任感。但社会实践教学的组织过程较为烦琐，所需时间较长，并对地点的要求也较高。

社会实践教学的重要性不言而喻，社会实践教学的效果也是其他方式难以匹敌的，但是社会实践教学也有其特殊的要求。首先，社会实践教学需要教育行政部门或者高等院校对于这一实践教学形式给予时间安排上的支持与协助；其次，还需要有效整合各类资源，一起为思政课的社会实践教学提供多方面的便利和支持；最后，还需要高等院校对思政课社会实践教学给予经费和组织管理方面的鼎力支持。离开实践经费的投入，社会实践活动可谓寸步难行，离开学校各部门的有效协调与组织，社会实践教学很难有序稳定、长期开展下去。

（二）社会实践教学类型

1. 进行校外参观

校外参观是思政课校外实践教学形式之一。校外参观就是思政课教师结合具体教学内容的进度和安排，组织高校学生走出大学校园，走进具有学习和考察价值的场所，走进革命先烈曾经战斗过的地方，走进纪念革命先烈的纪念馆，走到在中国革命和建设过程中具有里程碑式意义的纪念场馆，让学生感受先烈们当年的英勇事迹，让学生在真实的场景之中去倾听、观察和了解某一个具体的历史时期不同人们的所思、所想和所为，进而受到启发、感染，激发当代高校学生的爱国情感并能有所收获。

校外参观看似简单，实则需要思政课教师为此付出大量的时间和精力，教师不但需要结合教学内容以及教学所要达到的目的去选择参观的地点，而且还需要准确把握每次外出参观在高校学生的思想和行为上会产生怎样的影响和效果。要想让高校学生深刻理解和领会思政课程中的某些内容，仅仅依靠教材上有限的内容讲解显然是不够的，而校外参观则能很好地弥补这一不足。

例如，讲到理想信念、为人民服务的宗旨以及当前精准救助的政策等部分内容时，组织学生去参观习近平同志作为知青下乡插队工作过的梁家河村，看看习近平同志当年住过的窑洞、开挖的水井、修建的沼气池、修筑的大坝……让学生感受当年习近平同志生活的真实场景：狭长的土炕要住六位知青，他们睡觉时腿都无法伸直，而且土炕上跳蚤成群，在每天各种重体力劳动的情况之下，食物还非常紧缺，但就是在如此艰苦的环境之下，习近平同志仍然坚持每天看书学习。这段七年的知青岁月磨炼他的意志，也正是在如此恶劣的生存环境之中，在与众多淳朴友好的陕北老乡一起生活的日子，激发了他扎根基层、服务人民、立志帮助众多身处困境的人民走出贫困的决心。看过了这些最真实的场景，倾听了真实的故事，高校学生的感受才能更真切，他们才能懂得为何习近平同志会有这些治国理政的理念和政策，为何要树立理想和信念，什么样的理想和信念才能称得上是崇高的理想，这种校外实地参观带来的心灵震撼也是其他方式无法比拟的。

2. 开展社会调查

进行深入全面的调查研究是我们获得丰富、翔实的数据、资料的基础，也是我们透过事物的表象认识事物本质、揭示社会发展规律的重要途径。当今社会瞬息万变，资讯异常发达，对于广大正在求学的高校学生来说，学校课堂固然是获取知识信息的途径，但是在课堂之外，广阔的社会环境才是高校学生真正获取知识信息的重要途径，毕竟教科书上的知识在这个信息瞬息万变的时代很快就会显得陈旧，加之高校学生对于新事物、新理论又充满了渴求，因此，高校课堂上教师教授学生更多的是一种学习的方法，一种高效学习、有效学习的方法，而非有限的知识内容，因为掌握了学习的方法，就如同掌握了点石成金的指头，在未来的学习、生活中可以凭借此学习方法持续地获得知识，持续地让自己得到成长和发展。社

第五章 新时期思政课程理论与实践教学的一体化建设

会调查这种方式就是一种非常理想的让学生持续发展和提升自己的方式。

思政课实践中的社会调查就是思政课教师根据教学内容和教学目的的相关要求,设计相应的调查课题,让学生深入社会的各个领域、各个角落去了解、搜集和掌握相关的数据、资料,对搜集的资料进行统计、分析,并最终形成相应的结论。这个搜集资料的过程本身就是对高校学生能力的锻炼过程,因为要想搜集资料,就必须通过设计问卷这一途径,而设计问卷本身就是对学生问卷设计能力的考查和锻炼,问卷如何发放、如何回收、回收之后如何进行统计分析,统计分析数据时使用哪种统计分析软件,数据分析的过程本身也是一个去粗取精、去伪存真的过程,最终调查结论的得出也是对高校学生分析、判断能力的考验和锻炼。除了从技术的角度看待社会调查对高校学生能力的锻炼,还可以从扩展学生视野、培养学生家国情怀、社会责任等各个角度来看待社会调查。当代高校学生的社会调查,其调查的方向、主题非常广泛,既可以是涉及国家、民族的问题,也可以是家庭、家族的问题,还可以是高校学生自身的心理、生活、认知等方面的问题。社会调查选题的广泛不但能够开阔高校学生的视野,而且能够激励学生去发现、分析社会生活中的各种现象,进而分析现象背后的原因,揭示其背后蕴含的基本规律,真正提升高校学生理论联系实际的能力。

校外实践教学中的社会调查与校园实践教学中的校内调研在主体上基本是一致的,例如它们都遵循一样的调查程序和调查步骤,这是一个调查的主体。校内调研和社会调查的不同之处有二:一是调查进行的地点发生了变化,一个在校园内,一个在校园之外;二是调查的对象发生了变化,校内调研主要的调查对象是本校的学生,他们往往比较配合调查,而发生在校外的社会调查则不同,被调查的对象是社会上的各色人等,他们的配合程度可能比不上高校内部。这就要求高校学生在进行校外的社会调查之前要认真学习一下如何与不同类型的人群进行沟通,如何消除陌生人对你的不信任感,进而赢得陌生人的信任,以确保问卷能够顺利发放并填写。

3. 走进基地实践

思政课中的基地实践就是思政课教师带领高校学生走出校园,走到学校定点的校外实践基地进行实地生产、制作或服务,真正以一名劳动者或服务者的身份去接触社会、感知社会、了解社会,进而服务社会,在此过程中教师根据教学需要和教学目标引导学生有所思考和感悟，对人生、生活、工作、社会形成更为理性的认识，进而确立科学的世界观、人生观、价值观。一般来说，每一所高校所在的城市或地区都有一定数量的历史文化古迹和红色革命遗址或者博物馆，这些地方都蕴藏着丰富的教学资源，可以让学生在思政课上学习知识的同时，深入到这些基地进行实践，例如，培养高校学生成为红色教育基地的实习讲解员、引导员等。让学生作为一名讲解员去为参观学习的学员进行相关史料的讲解，是一个非常好的历练机会，同时也有助于学生对于自己在课堂上和校园内所学知识有一个主动深化理解的过程。因为讲授与学习不同，学会了不一定就能完整顺畅地讲述出来，更不一定能讲好；而能够完整、清晰地把某一个史料或者知识点讲述给听众，讲述者本人一定是学懂了学会了。由此可见，基地实践是一种真正有利于学生将课堂所学内容转化为自身实际行为的不可或缺的实践教学形式。

思政课校外实践教学能够有效弥补课堂实践教学与校内实践教学的不足，校外基地实践教学给高校学生提供了近距离接触社会、了解社会的机会，同时也有助于锻炼和提升其职业技能。更为重要的是，它能够在真正的实践中修正学生的思想、理念和行为。

基地实践也是当前高校增强学生职业技能与素养的必要途径。基地实践从职业道德素养的角度看，能够通过真实的职业环境、职业生活让学生对职业有更为全面、立体的认识，同时体验职业生活的严谨，对职业产生敬畏之心，提升职业道德与职业素养。从思想道德素养的角度看，可以让学生对生活、对社会有真实的体验，懂得生活的不易，懂得父母每日工作养家的不易，懂得正确看待每一份职业及其从业者，树立一种积极向上的人生态度，进而建立正确的人生观与价值观。

4. 参与公益活动

公益，顾名思义就是社会公众的福祉和利益，公益活动是公民参与精神的重要表征，也是增加公众社会福祉的重要途径，在组织公益活动时，既要遵循公德、符合公众的意愿，更要营造一种全民参与的良好氛围。

当今时代交通、通讯、社交媒体异常发达，高校学生参与公益活动的媒介和平台也非常多，参加公益活动也有非常多的选择，既可以选择参与的方式，如线上或线下，也可以选择帮助的对象，如孤寡老人、残障人士等等，还可以选择自己参与的途径，如学校组织或个体参与。无论是参加哪种形式的公益活动，都应该始终牢记"公益"二字的含义，坚持用最实在的行动诠释公益精神，积极参与公益，营造弘扬公益精神、宣传社会公德的良好氛围。

思政课实践教学中的公益活动就是思政课教师鼓励高校学生关注社会中各类群体的生活境遇，关心社会发展，积极参与社会活动，充分发挥自身的专业知识与技能，为社会上有需要的人群和组织贡献自己的一份力量，进而在参与公益活动的过程中对社会有一个更为全面、深入的认识。高校学生参与公益有充分的选择空间，可以充分发挥自己的专业所长，真正选择社会所需且自己感兴趣、有能力胜任的公益活动。例如，法制宣传、环保知识普及、灾害预防与救助、爱心慰问与捐赠等公益活动。参与公益对于高校学生来说本身就是一种体验和历练，公益活动的对象各不相同，公益活动的内容也各不相同，高校学生在参与的过程中本身也在体验不一样的生活，突破了自己既有的生活，对生活的其他方面有了自己的认识和体会，对象牙塔之外的世界有了比较直接的接触和更为深入的认识和了解。加之现代社会通信技术发达，互联网、微媒体发达，高校学生有了更多参与公益的途径，既可以在线下参与公益活动，也可以在线上参与网络公益活动，如公益歌曲的征集、通过网络发起对某些困难人群的帮助，等等。由此可见，公益活动让高校学生有了新的生活体验和感悟，这些是思政课堂上仅仅通过课堂讲授难以达成的效果，由此可见，公益活动是一种非常好的校外实践教学形式。

第三节　高校思政课程理论与实践教学一体化建设的路径——以《思想道德与法治》课为例

一、《思想道德与法治》课实践教学的功能

（一）道德、法律学习的重要性

道德一词，在汉语中可追溯到先秦思想家老子所著的《道德经》一书。道德是指衡量行为的观念标准，对错的标准是在不同的环境或者是说不同的特定场景下形成的，在英语中道德则是用来区分意图是否正当的行为因子。在这门课程的学习中帮助学生认清社会主义核心价值观以及道德和法律的重要性是非常重要的，认为一个人的智慧源于道德，它对于道德的认知是可以影响到它的实践所以美德将在实践中被学会。所以学生学习这些是非常重要的。

（二）提高学生道德行为判断和选择能力

道德判断力是每个人必备的，道德的信念将维持道德的行为的进行，道德源于每个人的价值观，但事实上对于自身的道德标准和对于别人的道德标准应该处于同一平线上，不能宽于对己严于待人。培养学生良好的道德判断力可提升学生对于行为的掌控能力和看待事情的更加的公平公正，做事更加的具有善恶价值观，所以对于道德修养的学习是非常重要的。每个学生心理都应该有一杆秤，在上面放置了自己的价值观，一旦秤开始倾斜，就应该考虑自己是不是在某些方面欠缺一点思考。

（三）能够使学生主体素质获得不断发展

对于品德修养这件事来说，我国自古都是注重内外兼修，对内是自己的内心和自己的行为，对外是在外面的表现，是平时的对人待事。长久以

来我们把受教育者作为道德培养的重要目标,这也是素质教育的一部分,道德与其他的价值观念一样,除了有传承自父母、老师、朋友、亲人等的影响的一面,还有源于自己的价值观,在原始道德上的发展的一面。但事实上因为生活地点甚至于风俗民情、语言、性格等各种方面的不同,所以每个人对于道德的标准都是不同的,老师通常能教的只是道德的最低标准或者说是社会对于道德的最低容忍度和体现。老师应该在高校思政课堂上对学生进行进一步的讲解,让学生参与进来分析事件,了解不同的观念对理论知识更加地熟悉了解,注重学生道德实践,提升学生道德素养。

二、《思想道德与法治》课实践教学的对策

(一) 对于实践教育的重要性要有准确的认知

《思想道德与法治》课是需要实践性教学的,对于老师来说他们需要的是引导高校大学生对于道德的认知。对培养学生高尚人格的追求,这也是这门课程的一个目的,对于其他的理论课程来说,实践必须要能让学生学习或者说得到更多的启发,不然实践将毫无意义。思想政治教师应该引导高校大学生参与实践,在实践过程中不仅是知识的转化,更多的是培养学生的个人能力,在社会的实践和体验中,高校生能更多地了解到如何与人交往、怎么提高能力、怎样更好地适应社会的环境以及如何更好地适应岗位工作等。在这些环境下学生才能更加地体验到道德的重要性,才能提升思想道德修养与法律意识的重要性。因为所有的知识都不是纸上谈兵,特别是关于道德修养方面的,在现实生活中是非常重要的,无论何时都用得到。所以如何将理论知识运用到实际,也是老师教导后需要学生自己领悟的。

(二) 实践教学要有一个界限和标准

对于《思想道德与法治》教学来说,笔者对其认知是,思想政治教师对于教学的过程中展开一些跟实践和体验有关系的教学活动,这些实践不仅仅是社会上的实践,其实对于学生来说更多的是在高校思政课堂上的实践。教师引导学生进行一些知识点的分析、演讲、辩论等等来完成学生对

社会疑难问题的思考，形成自己的思路和思维模式，特别是在道德方面每个人的内心中都得有自己的一把秤，有对社会的责任感，有作为一个公民应该尽的一份力。对于实践教学来说，其实也算是一定程度的教育改革，但事实上也不完全是改革，更多的是为了让学生从中获得社会认同感，不要完全地脱离社会，将自己当成社会的一分子，使实际和理论知识结合在一起达到知、情、信、意、行等各种个人行为的统一。

（三）制定有效的实践教学运行制度

若要实施《思想道德与法治》课实践教学，就要制定合理有效的实践教学运行制度，通过制度管理建立教务部门、总务部门和系部之间的协作关系，为之后《思想道德与法治》课的实践教学打下基础。在制定实践教学运行制度的过程中，要通过不断的实践来发现教学中所存在的疑难问题，进而总结教学实践经验，明确教学目的，制定教学大纲，设定教学计划，选择教学方法，完成教学内容，等等。为能够快速促进《思想道德与法治》课实践教学切实贯彻，就要在确保质量的前提下，有目的地推进实践教学的进程。

（四）推进实践教学师资队伍建设

快速推进实践教学活动的动力之一是强化师资队伍建设。思想政治教师在实践教学活动中是一名组织者，也是一名实施者，同时还是一名指导者，他们在实践教学中起着主导作用，是推进《思想道德与法治》实践教学的主要人力资源。推进《思想道德与法治》课实践教学的首要前提是先组建一只实力雄厚的思想政治教师队伍，理论强、实践强的思想政治教师才能够较好地带领学生进行实践课的学习。关于建设实践教学师资队伍要做到以下三点：第一，要根据实践课需求来配备师资，保证师资的充足。第二，对参与《思想道德与法治》实践课的思想政治教师进行系统的培训，加强思想政治教师的实践教学能力，扩展实践教学的方式。第三，增强思想政治教师自身的实践教学能力，除了提升自身教学水平外，还要多与社会进行互动，将理论知识切实贯彻到现实社会。

三、高校《思想道德与法治》课实践教学的实施策略——以微电影教学为例

(一) 高校思政课微电影实践教学的概念

时间短、规模小是"微电影"的主要特征。在互联网时代,将微电影融入教育教学已经是不可阻挡的趋势。而在高校思想政治教育建设的过程中,教师可以适当结合微电影,利用这一新型信息载体完成知识和理念的传播,引导大学生加强课程实践,从而提升思政教学的有效性。并且,微电影与思政课程的结合,也能在很大程度上提升课程的趣味性,进而提高学生的参与度。

(二) 高校思政课微电影教学的特点

1. 成本低

思政课实践教学要想顺利完成,必须有一定的经费来做保障。一直以来,很多高校也都相继成立了思政课实践教学的专项资金,用来保障实践教学的顺利开展。但是在实际的运用过程中总会出现经费不足,甚至挪作他用等一系列疑难问题,导致实践教学不能按原计划进行,让教学效果大打折扣。例如,在参观革命圣地这种实践教学活动中,不仅会产生乘车费用、门票费用,有时甚至还会产生食宿费用。因此,整个实践教学活动的花费并不低,这就导致经费不足疑难问题的出现。有些任课老师因经费不足,只能选择带学生去离学校近且免门票的红色圣地去进行参观和学习,这就大大限制实践教学的开展。然而思政课微电影实践教学不仅对实践的时间地点没有强制要求,而且对经费也没有过多的要求,甚至有时可以达到零成本的程度。例如只需要一部手机就可以完成实践教学的全过程,其中包括微电影的拍摄、后期的剪辑、配音、字幕等,这一系列工作都可以用免费软件完成,这样就可以在很大程度上避免经费的牵绊,也可以调动更多的学生参与到思政课的实践教学中来,有助于高校思政课育人目标的完成。

2. 成效快

有的思政课传统实践教学由于方式较为单一、教法较为老套,学生对

此缺乏兴趣，所以容易存在"搭便车"的现象，进而导致部分学生参与程度低下，实践教学育人成效不突出的疑难问题。要想提高思政课实践教学的育人成效就需要革新实践教学的形式，采用大学生喜闻乐见的方式。这样一来，才会减轻其对教学活动的抵触情绪，提升其参与度。思政课微电影实践教学紧跟时代潮流，站在短视频的风口上，满足大学生猎奇的心理，也符合当代大学生短、精、快的知识消费习惯。这种新颖的方式可以紧紧吸引大学生的眼球，让大学生乐于参与到这一过程中。随着主题的确定、剧本的撰写、中期的拍摄、后期的剪辑等这一系列的实践活动的推进，学生不仅仅深化了对思政课知识的理解，更加促进了各方面能力的提升，思政课的实效性明显增强。

3. 可复制

思政课微电影实践教学具有思政课传统实践教学所无法媲美的优点，即它有可复制性。思政课传统实践教学如参观革命圣地和重大事件纪念馆等都具有极大的地域限制，这类实践教学活动只能在所处地区红色资源丰富的高校开展，对处于红色资源相对贫瘠地区的高校有较少参考价值。而思政课微电影实践教学这一形式可以被绝大多数高校所运用，是一种通用的方式，具有很强的复制性。而且高校老师和学生可以根据自身所掌握的理论知识和对社会热点疑难问题的不同认识，来确定不同主题。使其主题不仅具有与时俱进的特点，而且具有深刻内涵。思政课微电影实践教学在时间和地域上也相对自由，没有那么多的限制条件，且容易上手，具有简单易操作的特征。完成的优秀微电影作品，通过互联网的传播，会让更多的人关注到这种新型实践教学方式，为想尝试此方法的高校做出示范，最终可以让更多的高校师生从中受益。

4. 传播广

与高校思政课传统实践教学相比，思政课微电影实践教学有更广泛的传播性。具体原因有以下几点：首先，微电影以微小著称，它是新媒体时代特有的产物，是新鲜事物的象征。它主要依靠手机、平板电脑等移动媒体传播，同时具有浓厚的艺术气息和无穷的魅力，所以受到许多青年群体的青睐。其次，根据中国互联网信息中心发布的数据显示，中国网民的数量正在逐年上升，尤其是青年群体占巨大比例。思政课微电影不仅可以在各大网站、QQ、微信公众号上观看，并且可以下载和转发。由于互联网的传播速度极快，这样一来，便可以不断扩大优秀思政课微电影的传播范围，增强优秀的思政课微电影传播效果。最后，当代大学生生活在新事物层出不穷的时代，他们思维敏捷，想法新颖，他们有勇于表达自己想法的欲望和勇气。他们从自身的学习生活出发，用自身的所观所感能拍摄出具有生活化的思政课微电影，更能引起大学生这一群体的关注，从而引起大学生群体感情上的共鸣，最终润物细无声般地发挥了思政课的育人作用。

（三）高校《思想道德与法治》课与微电影结合的方法和意义

相比传统方式来说，微电影符合新时代的特征，具有易操作、花费少、时间短、类型多的优势，这契合了微时代即时消费的诉求，调动了大学生参与实践教学的积极性，将它应用于《思想道德与法治》课实践教学中，不仅可以获得广大师生的喜爱，而且可以破解《思想道德与法治》课传统实践教学的若干难题。首先，从微电影的制作来看，它是在老师的指导下，在课上培训的基础上，由学生自主结组来制作微电影，学生可以根据自己的兴趣在指定范围内进行主题选择，并在实践中将这一主题表现出来。在思政课微电影作品拍摄前同样也需要进行调研，与以往不同的是此类调研更能发挥学生的自主性，让学生带着热情参与其中。然后，在老师的指导下经过社会调研、主题确定、剧本撰写、场景拍摄、后期剪辑这一过程，不仅可以让学生体验生活、接受洗礼、提高审美，激发自我潜能，最终促进自我教育意识的提高，而且解决了思政课传统实践教学开展流于形式、组织不规范、学生参与度低的疑难问题。其次，从微电影作品完成后的评价来看，在微电影实践教学结束后，老师不仅可以评价学生的微电影作品，而且还可以将每位学生的详细总结报告当作评价的重要补充资料，采用作品和报告两者结合的方式进行评价，这样一来，老师对学生不仅可以做出过程性评价，还可以做出终结性评价，促进评价的科学性。这也有利于解决思政课传统实践教学中难评价的疑难问题。总之，思政课微电影实践教学有着简洁高效的特点和强大的生命力。

自古以来，我国就重视对人道德品质的培养。在新时期，高校大学生面临着很多选择和诱惑，他们自身也处于成长的重要阶段，所以有必要加强对他们思想观念的教育，这一重任就着落在高校思政课程和高校思政教师身上。因此，我们要加强对高校思政课程的建设和发展，优化教学策略和方法，给大学生构建良好的德育环境，以培养他们健全的人格和优秀的道德修养，促进他们身心健康发展，从而为社会发展提供优质人才。

（四）微电影在高校思政教学中的应用步骤

微电影在高校思政教育教学中的应用，需时刻遵循以人为本的原则、理论与实践相统一的原则、专业性与趣味性相统一的原则，以确保微电影教学法既能够吸引学生参与教学活动，又能达到预期教学目标。根据既有微电影教学实践研究，微电影在高校思想政治教育教学中的应用步骤如下。

1. 统筹规划好微电影教学活动

教师首先要设置好微电影教学主题。主题的设置应当符合社会主义核心价值观，契合时代主题，并且以夯实思政理论、锻炼实践能力为目标。例如，以"弘扬传统美德，展示青春风采"为主题。在商讨并明确微电影教学主题后，教师需制订具体的教学实施方案，其内容包括学生分组、时间规划、技术指导、经费支持、考评安排等。

2. 扎实做好微电影创作实践

微电影创作过程是高校思政实践教学的关键环节，思政教学的育人目标能否完成，很大程度上取决于微电影创作过程中的各项任务是否被有效贯彻落实。高校教师应当注重微电影的创作过程，通过提供技术支持和专业指导，引导大学生扎实地推进微电影创作，完成剧本编著、影片剪辑、配文配乐等一系列创作任务。

3. 完善好微电影的考核与评价

微电影制作完成后，教师应当对学生的微电影作品、创作过程记录和相关研究报告等进行综合评价，在肯定学生思政实践成果的同时，还要指出其在微电影创作中的不足之处，从而帮助其获得思想政治意识的提升。

（五）微电影实践教学模式在高校思政课的应用措施

1. 教师尽快完成角色转变

目前大部分思政课教师没有很好地转换自己的角色，导致两种情况的出现：一种是教师依旧是实践教学的主角，学生主体作用的发挥受限；另一种是教师没有扮演好守门员的角色，而是全权交给学生，导致学生自由度过大。要避免这两种情况的出现，就需要教师尽快转换自己的角色，发挥自己的主导作用。

一方面，教师要对思政课微电影实践教学有正确的认识，从思想上高度重视自己在实践过程中所充当的角色，认识到发挥自身主导作用的重要性。教师既不能大包大揽也不能放任自流，要抓牢自己手中的指挥棒，为学生实践指明方向。尤其在思政课微电影选题方面，现在许多学生将思维固定在课堂所展示的优秀影片上，很难突破局限，导致影片内容缺乏创意。一部分学生又过多地将自己个人偏好应用于影片当中。为了解决选题问题，教师既不忽略学生主体地位，也不能一味地放任学生自由选题，而应该由任课教师集体研讨、集思广益给出选题范围，让学生在指定范围进行选题。这样既尊重了学生，又保证了思政课微电影主题的正确性，让思政课微电影作品能够反映德行善举、传递人间大爱，有一定的育人价值。

另一方面，教师可以对优秀作品的指导教师进行精神或物质奖励，激发教师的主动性，让教师也能够参与到微电影制作中，用以身作则的行动来感染学生。也可以将思政课微电影实践教学的效果与教师的考评晋升挂钩，这样会提升教师对思政课微电影实践教学重视程度，促使他们在实践中既积极主动地承担自己的责任，又能够从细节入手严格要求学生，端正学生态度。在实践中，思政课教师可以通过微信群或其他方式跟进学生，及时为学生答疑解惑，解决实践中所遇到的问题，把自己的主导作用发挥到极致。

2. 教师提升自身综合素质

在指导学生时，需要教师不断提升自我，提高运用微电影开展教学的业务水平和综合能力。这样一来，有利于提高思政课微电影实践教学的实效。教师可以从以下几个方面入手：首先，教师要定期参加微电影制作的培训活动，在形式各样的培训活动中，教师可以紧跟时代步伐，汲取信息化教学的养分逐步更新自己的知识库和技能库，让自己从微电影领域的小白，成长为带领学生制作微电影的领头羊。为学生制作思政课微电影把关，促使思政课微电影从量多到质优的转变。其次，教师要走出校门走入其他高校的思政课微电影阵地进行参观，和其他教师积极进行交流研讨，学习思政课微电影实践教学的宝贵经验，为自己在指导学生思政课微电影实践教学时提供借鉴。促使学生的思政课微电影作品逐渐克服剧情空洞、制作粗糙等问题。挤干思政课微电影实践教学的水分，使思政课精髓和微电影形式能够达到形神合一，学生收获满满。最后，思政课教师也可以以小组为单位，踊跃参加高校联合举办的针对思政课教师的思政课微电影大赛。以赛促学可以调动教师的实践积极性，只有教师亲自投身思政课微电影的制作中，才可以完整体验整个实践过程，增强实战经验，提升自身实践能力，不至于在指导学生时只是纸上谈兵，而能抓住要害给学生提出具有可行性的建议。

3. 激发学生的主体作用

如今，高校思政课面对的是与新媒体技术一同成长的00后的大学生，微电影教学法，恰恰符合00后大学生勇于创新、实现自我价值的思维特点，能够在微电影实践教学中发挥大学生的主体作用。学生可根据教师提供的微电影主题以大学生的校园学习和生活为素材，从青春梦想、职业生涯、校园生活、公德意识、社会热点等多个题材中展现。大学生通过拍摄微电影可加强对社会主义核心价值观的深入理解，对时事热点问题的关注与思考，将理论知识内化于心、外化于行，成为愉悦的学习者、平凡典范的树立者、创造幸福的体验者、马克思主义理论和新思想的传播者。

（1）运用微电影教学，激发学生的参与热情

在微电影实践教学中，部分思政课教师会提前对学生开展组织动员活动，介绍实践教学的重要性、微电影实践教学的作用和意义，明确主题，以及对微电影拍摄、制作进行培训，前期的动员活动契合了学生的兴趣需求，激发了学生的参与热情，实现了学生知识与行动的统一。而一部优秀微电影的完成需要学生自编、自导、自演，而在这个过程中学生成为实践教学的主体，全程参与到整个实践教学中，能够充分展示学生的主体意识、创新意识，再一次激发大学生的参与热情。

（2）坚持"三贴近"原则，激发学生的积极性

"三贴近"原则就是要贴近实际、贴近生活、贴近大学生。调查显示，很多大学生都喜欢展现大学生活的微电影题材，说明大学生比较关心的问

题还是从大学生自身为出发点,这就需要教学内容要与大学生的成长成才联系起来,运用微电影教学把理论知识讲到大学生的心里,激发大学生内在的强烈需求,充分调动大学生学习的积极性和主动性,自觉、主动地参与到教学中来。

(3) 在微电影实践教学中培养大学生的团队精神

相当一部分大学生认为拍摄微电影培养团队精神、合作意识,促进同学间的交流。学生利用一部智能手机、一台电脑就能制作完成一部微电影,但是在创作剧本、拍摄和制作微电影上,就需要学生之间合理分工、相互配合一起完成。学生在参与微电影实践教学的过程中能够有效培养团队意识和团队精神。

学生参与微电影实践教学的过程不仅是对学生自身道德品格提升的过程,还能够促进学生之间的交流和沟通,锻炼学生的实践能力、创新能力,培养大学生的团队意识、吃苦耐劳精神,为大学生形成正确的价值观、正确的竞争协作观念、积极的人生态度、崇高的理想信念提供了可靠的保障,促进了大学生的综合素养的提升。

总而言之,作为一种新型教学模式,微电影教学与当下的大学生个性化学习需求相契合,具有一定的时代先进性

四、高校《思想道德与法治》课实践教学的实施策略——以案例分析为例

(一) 设计思路

在《思想道德与法治》课程中"坚定理想信念"这一章节的教学过程当中,可以设计"案例分析"这一实践教学环节,以真实的案例来引导学生分析生活中他人的真实事件,感悟理想、信念对于一个人成长、成才的重要性。在学生意识到理想之重要性的基础上,使学生树立崇高的理想,并且在实现理想的过程中能够有坚定的信念,以一种坚忍不拔的意志来实现自己的人生理想,而且在实现自己人生理想的过程中能够与社会理想结合起来,达到在实现自我的同时造福社会的目的。

1. 选题目的

"坚定理想信念"这一章是要告诉学生漫漫人生路，只有激流勇进、奋力拼搏，才能实现自己的理想，然而，实现理想的道路上不可能一马平川，可能会充满了曲折、荆棘甚至很多诱惑，只有具备坚定的意志和信念才能实现理想，为国家和社会贡献自己的一份力量。通过课堂上的案例分析这一具体的实践，可以让青年学生认识到理想与现实之间的距离需要我们每一个人用自己的艰辛努力和坚定信念来弥补，同时在实现理想的过程中总会有干扰、诱惑出现，犹如一艘船要想到达彼岸，必须穿越重重迷雾，不断辨识自己的航向，朝着灯塔的方向航行，理想和信念缺一不可。案例分析中的案主既有正面、积极的，也有反面、消极的，需要青年学生自己去辨识、分析，从而启发自己达成所愿。

2. 实践要求

案例分析不同于分享会，学生自行选择认为对自己有启迪的人和事来分享；也不同于焦点讨论，就某件近期的热点问题进行全方位的分析。案例分析是对某一个具体的案例进行分析，而且分析要结合自己当前学习的《思想道德修养与法律基础》第二章"坚定理想信念"这部分内容进行。为此，首先要求思政课教师的案例选择有科学性，要合理，适合用本节课所学知识进行分析；同时要求学生要用本节思政课堂上所学知识对案例进行分析，而不是像一般讨论那样天马行空般地自由分析，因为这样就容易偏离案例分析的主题而失去了案例分析这一实践教学方式的实践价值。任何一个案例，都可以从各个角度进行分析，比如一个青年学生由品学兼优到阶下囚的案例，既可以从社会学的视角分析，也可以从管理学的角度分析，还可以从心理学的视角分析，而思政课上的案例分析希望学生从理想、信念的角度来分析，进而对学生自己的未来发展有所启发、启迪。

3. 活动评价

评价主体由思政课教师和本班学生共同担任，学生评委可以由学生自荐，也可以由小组推选产生，为了保证课堂整体时间把控，最多只能有3名学生担任评委。评价的指标主要有：是否结合本节思政课所学内容对案例进行分析，案例分析的时间能否合理把握、案例分析过程中学生自身观点正确与否,是否对分析案例时出现的偏激观点进行了纠正,等等。

(二) 注意事项

案例分析要求教师在选取案例上做到精挑细选,以期选取最佳的案例在课堂上与学生一起进行分析。一个案例能称得上是思政课堂上的好案例,首先它应该紧跟时代步伐,不至于使当代大学生一看到就产生过时、落伍的感觉,进而失去阅读的兴趣;其次,案例应该与本节课的教学内容紧密相关,因为案例是为教学服务的,偏离了教学目标和内容,再好的案例对于课堂来说也不是一个好案例;最后,案例应该具有典型性,让学生通过分析此案例,能够举一反三想到其他类似的人和事,同时也能激发学生对自己的反思。

案例分析要求教师在教学过程中就某一个案例进行阐述,具体来看,案例分析包括案例背景、案例描述、案例分析三个组成部分,作为一个案例呈现,教师必须将案例中事件发生的时间、地点、人物,事情的起因、经过和结果等信息有一个详细的阐述,同时为了引导学生从案例分析中真正有所思考和收获,还要设计不同数量的、彼此之间有着层层递进关系的问题进行提问,充分发挥案例分析这一实践教学形式的重要作用,而不是简单地阅读一下案例,草草分析一下了事。

案例分析要求学生必须对案例有个全面的认识,要了解事件发生的基本背景和经过以及案例中案主的性格特点等,在此基础上再对案例进行深刻的剖析。一方面培养学生获取完整、详细信息的能力,而不是断章取义去认识一件事、一个人,另一方面培养学生剥洋葱般层层分析事件或者人物的能力,培养思维的缜密性,这样在将来面对某一问题的时候才能用缜密的思维去思考和分析。

案例分析要求学生运用思政课上所学的知识对教师课堂上所提供的案例进行分析,学会运用思政课的话语体系对案例进行分析,在分析的过程中要有自己鲜明的观点,不能含糊不清、似是而非。同时在进行案例分析的过程中要注意时间的把控,组织好自己的语言,在规定的时间内,清晰地表达自己对案例的认识。

(三) 总结思考

青年学生大部分时间是在校园中度过,他们还没有真正踏入社会,缺乏对社会中的人和事的了解,更缺乏社会中的实践经验。案例分析是一个很好的课堂实践教学形式,它把发生在高校校园外的人和事在课堂上呈现,让学生通过案主的经历来了解个体,了解社会,了解人与社会之间的互动。

思政课上的案例分析如同一面镜子,因为案例都是真人真事,青年学生在分析案例中案主的言行、思维方式时也或多或少能够发现自己身上也存在着跟案主类似的缺点和不足,案例中案主如何改变,结局如何,都会给阅读、分析该案例的青年学生以启迪,这一点是思政课教师仅仅通过自己的讲述无法达到的。

参考文献

[1] 丁宏,寇玉达. 新思政观引领下的高校"一体化"心理育人体系构建研究[J]. 黑龙江教育(理论与实践),2019,(Z2):59-61.

[2] 李丽,周广,臧欣昱. 创新高校第二课堂育人体系的实践探索[J]. 思想政治教育研究,2019,35(04):112-116.

[3] 王施泽. 新时期高校思政课教师队伍建设新路求索[J]. 中学政治教学参考,2020(42):100.

[4] 郑美丹. 高校课程思政的育人价值及其实践路径研究[D]. 石家庄:河北科技大学,2020.

[5] 谭爽. 新时期高校开展思政工作的几点思考[J]. 长江丛刊,2020(34):180+186.

[6] 刘冬丽,杨波,罗莉红. 新媒体时代高校思想政治论课教学实效性探究[J]. 教育现代化,2019,6(03):155-157.

[7] 雒霞丽. 互联网时代的高校思想政治教育创新探析[J]. 新西部,2018(36):132-133.

[8] 章雨婷. "互联网+"与高校思想政治理论课[J]. 现代交际,2018(24):210+209.

[9] 张妍. 新时期高校思政课建设及有效路径探析[J]. 忻州师范学院学报,2018,34(06):105-108.

[10] 范灵芝. 高校思想政治教育实践育人策略研究[J]. 教育理论与实践,2018,38(09):36 37.

[11] 王磊,李波. 新时期高校思想政治理论课实践教学实施策略探究[J]. 思想理论教育导刊,2017,(10):103-106.

[12] 邢大海. 高校思想政治理论体验式教学应用策略[J]. 新西部(理论版),2017(01):134+140.

[13] 陈玉葵. 提高高校思想政治理论课教师素质途径探索 [J]. 新西部（理论版），2016（24）：154-155.

[14] 王炳林. 教师是上好思想政治理论课的关键所在 [J]. 思想理论教育导刊，2017（01）：14-18.

[15] 王忠. 大学生思想政治教育实践育人机制创新研究 [D]. 长春：东北师范大学，2016.

[16] 张雷声. 思想政治理论课教学的境界 [M]. 北京：中国人民大学出版社，2018.

[17] 吴潜涛. 思想政治教育教学与研究 [M]. 北京：中国人民大学出版社，2018.

[18] 程艳，丁祥艳. 高校思想政治理论课"听读写说行"教学模式研究 [M]. 北京：新华出版社，2020.

[19] 张福有. 习近平关于思想政治教育方法的重要论述研究 [D]. 桂林：广西师范大学，2021.

[20] 康云. 高校化学教育中思政教育的融入路径 [J]. 化工设计通讯，2021，47（09）：109-110.

[21] 戴佳慧. 新时代大学生思想政治教育中存在的问题及对策研究 [J]. 现代商贸工业，2021，42（29）：112-113.

[22] 夏园园，周志武. 文化传承创新添彩 [N]. 益阳日报，2021-09-17（001）.

[23] 雷长稳. 思想政治教育叙事方法探析 [J]. 石家庄铁道大学学报（社会科学版），2021，15（03）：80-85.

[24] 袁梦婷. 生命意义教育融注思想政治理论课：价值挖掘与实践理论 [J]. 牡丹江大学学报，2021，30（09）：119-124.

[25] 苏红. 新时代思想政治教育的文化功能研究 [D]. 沈阳：沈阳师范大学，2021.

[26] 耿萍. 高校思政课建设过程中的价值引领与思考 [J]. 辽宁省社会主义学院学报，2016（04）：113-116.

[27] 刘翠. 高校思想政治理论课实践教学改革探究 [D]. 无锡：江南大学，2015.

[28] 孟国芳. 基于第二课堂的高校思政课实践教学研究 [D]. 秦皇

岛：燕山大学，2014.

［29］赵思佳. 在泛娱乐大背景下高校思政教育教学研究［J］. 佳木斯职业学院学报，2021，37（10）：124-125.

［30］熊浩. 信息化条件下高校思政课实践教学模式创新［J］. 现代职业教育，2021（40）：16-17.